日本語界隈

川添 愛　ふかわりょう

ポプラ社

はじめに

24時間ファッションショー

ふかわりょう

すっかり流行に疎くなりました。もともと敏感なほうではなかったとはいえ、若手俳優は皆同じに見え、スイーツの行列からも遠ざかり、配信系のドラマ、人気のアニメ、ユーチューバーやインフルエンサーなど、関心すら持てなくなってしまいました。加齢によるものなのか、もともとの性格によるものなのか。もし今、10代だったらTikTokで踊りを披露していたのかというと、それも疑わしいですが。

突如、筋トレを始めることもなく、このまま、同じ服を着続ける日常がずっと続くのだろうと予感しています。

毎日同じ服というと、アップルのスティーヴ・ジョブズが挙げられます。ジーンズにタートルネックのニット。重大な選択を迫られることが多い立場。服装を選ぶことに時間や労力を割けないため、自ずと一択に絞られるのでしょう。

だから、服装がどうでもいいということではなく、ある意味、正解を見つけたということ。CEOとしての日々は、我々の想像を超える重圧を伴っているのではないでしょうか。

社会に革新をもたらしたわけでもなく、ただダラダラと過ごしている中年の私を、自ら「ジョブズ型」に分類するのはおこがましいにも程があるかもしれませんが、私も日々、選択を迫られているのです。

いったい、何の選択かと申しますと、まさしく言葉になります。

執筆、テレビ、ラジオ。言葉を選ぶ機会がとても多いのは、炎上を恐れたり、誰かを傷つけないためでもありません。ただ単に、自分の頭の中にあることを忠実に表現するために、丁寧に言葉を選んでいるのです。

クローゼットから引っ張り出したワンピースを鏡の前であてたり、真新しい靴を部屋で履いてみるように、常に言葉でスタイリング。そう。24時間ファッションショーなのです。

と言いながら、この表現はフィットしているだろうかと再考したり。そんなことをやっているので、自ずと普段着が一択になるわけですが、これはきっと私に限ったことではなく、皆、無意識にやっているのではないでしょうか。

言葉はファッション。時代や流行を反映するもの。皆、知らず知らずのうちにランウェイを歩いているのです。

私のこだわりは、よく耳にするフレーズを取り入れながら、オリジナリティーを持たせること。Hanes の白Tシャツや MA－1のジャンパーを着ていた私も、どこで拗《こじ》らせたのか、若者言葉はもちろん、流行っている言葉や、よく耳にする表現は口にしたくなくなりました。それは、マネキンにはなりたくないということかもしれません。皆と同じ服装を避け、裏原の古着屋を歩き回って、お気に入りの服を探す少女のように。自分に似合う言葉を纏《まと》っていたい。

そんな私が見つけてきたアイテムを一緒に楽しんでくれる方が現れました。目を輝かせてくれる方が現れました。

これから始まるやりとりは、気になるアイテムを並べながら、その服を着ている人の心情を推測したり、センスに脱帽したり。そんな、言葉のファッションショー。組み合わせでこんなにも輝きを放つのか。無意識で着飾っているコーディネートに、こんな効果があったのか。おしゃれだな。ダサいなぁ。そして、メイド・イン・ジャパンの素晴らしさ。TOKYO KOTOBA COLLECTION。さぁ、どんな言葉がランウェイに登場するのでしょうか。

『日本語界隈』

もくじ

第二章

なぜ、秋だけが深まるのか

第三章

なぜ、口にしたくなる言葉があるのか

第四章

なぜ、感情むき出しの言葉は不快なのか

第一章

なぜ、日本人は曖昧を選ぶのか

起源についてのトラウマ

ふかわ：私が日本語について日頃抱いている疑問なり、モヤモヤしていることなりを言語学者である川添さんにぶつけることができるということは、野球少年が大谷翔平選手とキャッチボールをするようなもので、深い感動を覚えます。

川　添：こちらこそ、とても楽しみにしてきました。あいにくこちらは大谷選手のような偉大なプレイヤーではありませんが、ふかわさんから投げられるボールを精一杯キャッチして投げ返したいと思います。

ふかわ：お聞きしたいことはたくさんあるんですけど、まず、いわゆる言語というものがどう誕生したのか。これにはいろんな説があり、答えはないのかもしれませんが、それを想像するだけで私は幸せなんですね。川添さんは、そこはどういうふうにお考えですか？

川　添：なんと、それほどまでに言語に興味をお持ちでいらっしゃるんですね。実は私、言語の起源というものについては、ちょっとしたトラウマがあるんです。

ふかわ：え？　それはどんな？

川　添：今からもう三十年近く前のことですが、大学四年生のとき、卒論のテーマを決める頃になって、他の学生が「言語の起源をテーマにしたい」と言ったんです。そうしたら、先生方が即座に「それだと卒論にならないから」と却下したんですよ。

ふかわ：即座に。

川　添：ええ。でも、考えてみたら当然なんですよね。言語の起源なんて、大学四年生がちょっと研究したぐらいで、まともに論文が書けるようなテーマではないんです。当時は今よりも研究材料がありませんでしたし。つまり先生方は、学生にそういうテーマを許すと、単に「何かおもしろそうな説」を安易な想像で語るようなことにしかならないと見抜かれていたんですね。学問は事実に基づいていなければダメなので。今では先生方はそういう意図をお持ちだったとわかるんですけど、当時の私はそのやりとりを聞いて、「言語の起源には簡単に手を出しちゃいけないんだ」と思ってしまって。言語の起源については「考えないようにしよう」ということで、ずーっと来てしまったんです。最近は当時よりも研究が進んできたようなので、自分なりに整理したほうがいいかなとは思っているんですけど。

ふかわ：言語というものの定義も人それぞれでしょうし、学問として捉えると難しいのですね。

笑顔は言語？

ふかわ：私がここで言う「言語」とは「伝える道具」なんです。そこまで広げると、たとえば文字になっていない状態だったとき、人は相手に「音で伝える」「動きで伝える」、さまざまなパターンがあったと思うんです。そう考えると、言語とは「動きで伝える」が最初だったんじゃないかなと。危険を知らせるとか。命にかかわるものの可能性が高いんじゃないかと思うんです。

川　添：その可能性はあります。「動きで伝える」という点では、ミツバチが仲間に餌の位置をダンスで教えるのが有名ですよね。危険を知らせるとか、命に直結する情報は、「伝える」ことの強いモチベーションになったでしょうね。動物の言語を研究している鈴木俊貴さん（注1 ※欄外）によれば、シジュウカラは「ヘビ」と「タカ」を区別する鳴き声を持っているそうなんです。どちらもシジュウカラにとっては天敵ですが、どちらであるかによって対処法が違うからだそうです（参考文献1 ※以下「参1」）。

ふかわ：それもすごいですね。そこから意思や感情を伝えるようになるまでには、かなりの時間を要したと思うんです。その中でも、笑顔は古くから「伝えるもの」としてあったんじゃないかと。

最近はYouTubeでいろんな国の動画を閲覧することができて、その中にはアラビア文字だらけのものもあって、全く解読できないんですけど。ウネウネのアラビア文字の羅列の中で、笑顔の絵文字を見つけたんです。それがひとつあるだけで、どういうニュアンスのものを伝えている言葉なのかがわかる。笑顔というのもひとつの言語だなと思ったんです。

川　添：たしかにそうですね。最近は、絵文字の多い文章が「おじさん構文」とか「おばさん構文」とか揶揄《やゆ》されることもありますけど、言葉で伝わりづらいニュア

(1) **鈴木俊貴**：動物言語学者。東京大学先端科学技術研究センター准教授。専門は動物言語学、動物行動学。

日本語	英語	アラビア語
(^^)	:-D	ټ

日本語は口がなくても笑っているのがわかるのがポイント

ンスを伝えるのに絵文字は便利ですよね。

ふかわ：以前、ポルトガルに行ったときのことなんですけど。それまで英語圏を旅行していたときには受験英語でもなんとかコミュニケーションできたんです。ポルトガルも英語が通じるといえば通じるんですけど、ポルトガル語は全くわからない状況で「大丈夫かな」と思っていたんですね。でも笑顔だけで充分なんです。目が合うとニコッとしてくれるんですよね、現地の方々が。ああ、笑顔だけで旅はできるんだと。

そういう経験もあり、笑顔は当然、コミュニケーションのツールであるし、ひとつの言語であると感じたんです。

川　添：そうですね。表情やジェスチャーが伝える情報の量って、私たちが考えているよりもずっと多いですよね。非言語コミュニケーションの研究によれば、現在の私たちの言語行動においても、言葉で伝わることは実はそれほど多くないとされているんです。それよりも、表情や声色、動作や間の取り方などによって伝わることのほうが多いそうです。

ちなみに音や文字や文法を持った人間の言語がどのように生まれたのかについ

ては、動物のコミュニケーションから徐々に発達して人間の言語になったという説もあれば、人間だけ突然変異的にこういう形になったという説もあって、まだわかっていないんです。

ふかわ：そこでも統一見解はないんですね。ロマンがあります！

チンパンジーは論理的？

川　添：人間と動物の違いということで、最近おもしろいなと思ったことがあって。昨年ベストセラーになった、今井むつみさん（注1）と秋田喜美さん（注2）の『言語の本質』（参2）という本で紹介されていた実験なのですが、チンパンジーに対して、「色の違う積み木を見せたら、それらに対応する記号を選ぶ」ということを訓練したそうなんです。たとえば、黄色の積み木を見せたら「△」という記号を選び、赤い積み木を見せたら「◇」という記号を選ぶように訓練するという感じです。そうしたら、チンパンジーはちゃんとその通りに記号を選べるようになったそうなんです。

(1) **今井むつみ**：認知科学者。慶應義塾大学環境情報学部教授。専門は認知・言語発達心理学、言語心理学。
(2) **秋田喜美**：名古屋大学文学部・大学院人文学研究科准教授。専門は認知言語学、類像性、音象徴、オノマトペ。

これはつまり、「ものを見て、それに対応する言葉を選べるようになる」ということです。
でも、そうやって訓練したチンパンジーに、逆のこと、つまり「言葉を見て、それに対応するものを選ぶこと」をさせようとしたら、できなかった。つまり「△」という記号を見せて黄色の積み木を選ばせようとしても、できなかったらしいんですね。
人間の場合は、子供にものを指し示しながら「これはバナナだよ」とか「これはりんごだよ」などと教えて、その直後に「じゃあ、バナナを選んで」と言ったら、バナナを選ぶことができますよね。つまり、「ものを見て、言葉を選ぶ」ことができたら、自動的に逆の「言葉を聞いて、ものを選ぶ」こともできるようになる。私たちはこんなことはできて当たり前だと思っていますが、チンパンジーの行動を見てみると、全然当たり前じゃないらしいんです。

ふかわ：そうなんですか。

川　添：はい。で、なぜ人間にそういうことができるのかという理由がおもしろくて、「人間はチンパンジーよりも論理的じゃないから」だというんですよ。

「この物体を見たら、この言葉を選ぶ」ということは、論理で考えれば、必ずしも「この言葉を見たら、この物体を選ぶ」ということとイコールではないんです。

チンパンジーはそこをきっちりわかっているから、たとえ「物体→言葉」という方向で訓練されても、それをそのまま「言葉→物体」という逆方向にまで広げるようなことはしない。何も考えずにそんなことをやっちゃう人間のほうが論理的じゃないんです。

ふかわ：てっきり人間のほうが論理的だと決めつけていました。

川　添：普通は、動物のほうが論理的だなんて思いませんよね。でも、動物は言われたことを正しく理解して、それに忠実。対して人間は「逆もありだよね」と勝手に判断しちゃうところがある。

でも、その非論理的なところが人間の言語習得を可能にしていると、『言語の本質』の著者たちは考えているようです。

ふかわ：切れ味鋭い考察ですね。

勝手に判断する人間として、たとえば笑顔のように、動きとそれが表す意味というのは今のところ、世界共通なものが多いでしょう。「イエス」のときに、我々日本人は首を縦に振るけど、インドとか「イエス」のときに首をかしげるような国があるとしても。
人間の中での共通認識ができあがり、笑顔がコミュニケーションツールになるのはやはりだいぶ後ですよね。

川添：相手が笑っていればその人は「うれしい」、泣いていればその人は「悲しい」という共通認識が人間の中で成立したのはいつか、ということですね。正確な時点はわかりませんけど、大勢の人々の間に共有されるには、それなりに時間がかかったでしょうね。
さっきのように、人間は「逆も然り」と判断しがちだということを考えると、「うれしいから笑顔にしておこう」という心理も、その頃から働いていたかもしれませんね。

何が言語を発達させたのか

ふかわ：川添さんご自身は、どのように言葉がここまで発達したと思いますか？

川　添：そうですね。言語のどの側面に着目するかによって答えが変わってきそうですけど、たとえば文法については、動物行動学者の岡ノ谷一夫さん（注1）が、鳥のさえずりに文法的なパターンがいくつかあるということを言っていらして（参3）。言葉をつなげていく際の決まりみたいなものは、そういうところから来ている可能性もあるのかなとも思います。

ふかわ：さえずりに文法ですか。

川　添：ええ。あと、人間が独自の言葉を発達させるときの原動力は何だったんだろうと考えると、自分の知恵とか、「過去にこういうことがあった」という経験を他人と共有したいというモチベーションが大きいのではないかと思っていて。人間の言葉って、今ここで起こっていないことを語れますよね。それが動物のコミュニケーションとの決定的な違いでもある。過去のことや未来のことも語

(1) **岡ノ谷一夫**：動物行動学者。東京大学名誉教授・客員教授。帝京大学先端総合研究機構教授。

れる。動物にくらべて生物的にか弱い人間が生き残っていくうえで、そうした経験を仲間に伝えるということが非常に重要だったんじゃないかなと思うんです。たとえば命に直結したことだと、「こういうことをしたら危ない」とか「これを食べたら死ぬぞ」とか。

ふかわ：想像ですけど、原始人って言葉になっていない、「ウォウォホホホー」みたいなぬかるんだ音、イントネーションにもなっていないようなもので伝えようとした、そういう時期はあったと思うんです。

川　添：あったでしょうね。

ふかわ：そういう時期を経て、明確に、何か言葉なるものが誕生したきっかけがあったと思うんです。そういうものは残っていないですよね。

川　添：残念ながら、そういうのは形には残らないんですよね。だからこそ、文字になる以前の言葉がどういうふうに発達してきたのかを研究するのは難しいんです。でも、絵は残りますよね。私、絵もすごく重要だと思うんですよ。ラスコー洞窟の壁画（注2）とか、洞窟の中に絵が残されていたりするでしょう。あんなふうに、人類の誰かが初めて自分の経験を絵にしたとき、「あ、それ俺も知って

(2) **ラスコー洞窟の壁画**：フランスのモンティニャックにて1940年、穴に落ちた犬を少年たちが救出した際に発見された。約1万5000年前の後期旧石器時代のクロマニョン人によって描かれたとされる。

いる」とか「見たことある」という認識が生まれたんじゃないかと思うんです。そうやって、共通認識を言葉で表現するための土台ができあがったのではないかと。「自分だけでなく、皆も同じことを知っている」という思考が人間の中でできあがって、そこに音を当てはめていく、みたいなことがあったかもしれない、と思うんです。

ふかわ：そうやって絵であれ、音であれ、今、目の前にないものを伝えるというのが人間の特徴なんですね。

川　添：はい、そこがポイントだと思います。

ふかわ：でも、ワンちゃんも一日留守番させて帰ってくると、「なんで、俺をひとりにさせたんだよ！」みたいなことを伝えてきたりしますよね。「こんな長いこと留守番させて！」っていう。

川　添：たしかに、犬や猫がそんなふうに言っているように見えることはありますよね。実際は、彼らが今この瞬間の気持ちだけを表現しているのか、過去の記憶について何か言っているのかわかりませんけど。人間の言葉は、それらを明確に区別して伝えることができるというところがポイントだと思います。

あと、人間の言語にはオノマトペ、つまり擬音語や擬態語がありますね。擬音語は風の音のサーッとか、コロコロ、ピタピタみたいに、音のニュアンスを伝えるもの。擬態語は、ものの形とか人間の状態とかを表現したもの。ギザギザとかニコニコとかがそれにあたりますね。オノマトペを使うことで、イメージをより明確に伝えられます。

たとえば、赤ちゃんに対して話すときには、「モグモグしようね」のようなオノマトペを使いますよね。また、オノマトペを使うことで、言語がわからない相手にも意図が伝わることがあります。

人間はそうして、絵や音で何かを表現して、皆でシェアして、共通認識を作り、複雑化させていった。そして過去のことや未来のこと、目に見えない抽象的なことまで表現できるように言葉のシステムを作り上げていったと思うんです。

日本語を表記する

ふかわ：それを踏まえて、日本人の言葉、日本語について話していきたいんですが。

日本語は私も日々、テレビ・ラジオなどで、その都度しっくりくる言葉を選びながら話しているんですけど。日本語ってすごく繊細だと思うんです。繊細さがありながら、すごく頑固でもある。おっとりしていて優しそうな女性とお付き合いをしたら、ものすごく芯があって、譲ってくれないというか。柔らかそうでいて実は堅物みたいなイメージがあります。それは、言葉が先なのか、日本人の人格が先なのか。

日本語を構築してきた日本人の性格、日本語との関係性を探っていきたいんですけど。文字としての日本語はまず漢字ですか？

川　添：おっしゃる通り、日本語を表記するのに最初に使われたのは漢字ですね。でも、日本語そのものはその前からあって、それはずっと音声言語だったんです。音だけの言葉。

ふかわ：音声言語！　めちゃくちゃ興味あります！　音だけのやりとりだったんですね。どこかで表記の必要性が生じたということでしょうか。

川　添：そうです。社会が発達していくと、どうしても表記しなければならないことが出てくる。そこでお隣の国にすでにあった漢字を借りたわけです。

ふかわ：ご近所づきあいって大切ですね。醤油を借りに行く習慣こそ希薄になっていますけど。もしお隣から「文字」を借りることができなかったらどうなっていたのでしょう。文化の進むスピードも全然違ってきますよね。

川　添：ええ、全然違うと思います。音声言語って、声が聞こえる範囲の人にしか伝わりませんよね。それに、残らずに消えてしまうから、基本的に「その場限り」のものです。もちろん、伝言をすれば広げていくことができますが、途中で内容が変わってしまう可能性がある。でも、文字にすれば、その場にいない人たちにも正確に言葉を伝えられるし、音声言語よりもはるかに大勢に伝わる。まさに、文字の発明はマスメディアの始まりですね。

ふかわ：マスメディアの始まり！　やがて大河になる山の湧き水と重なります。日本語に文字が生まれたのは、何かを残したいという記録の必要性があったからということですね。いったい何を記録しようと思ったんだろう。想像するだけでワクワクしてきます。

川　添：沖森卓也さん（注1）が書かれた『日本語全史』（参4）という本によれば、日本国内で製作された漢文のうち、最古のものは『稲荷台一号墳鉄剣銘』というものだそうです。つまり、稲荷台一号墳（注2）という古墳から出てきた鉄剣に彫られていた文字です。読めないところもあるんですけど、畿内の王が奉仕の賞与として与えたものらしいです。

ふかわ：鉄剣ですか。

川　添：まあ、鉄に彫られているからこそ残っているという面もあるんでしょうけど、剣に文字を記す動機を考えると、「この剣は王が与えたものだよ」という権威づけをしたかった、ということでしょうね。剣というただの物体に、その背後にあるストーリーを付与する。今でいうブランディングみたいなことが、文字を使うことによって可能になったんでしょうね。

(1) **沖森卓也**：日本語学者。立教大学名誉教授、二松學舍大学教授。
(2) **稲荷台一号墳**：千葉県市原市にある稲荷台古墳群のひとつ。1976～77年にかけ発掘調査が行われ、5世紀中後期のものとされる鉄剣などが出土した。

カタカナ、ひらがなの誕生

ふかわ：場合によっては漢字だけで十分だったかもしれないのに、どうしても漢字だけでは表現できない部分があり、ひらがなやカタカナが生まれた。そして、それらをシャッフルして表現する、我々の言語となったわけですね。ここがおもしろいなと思うんです。

川　添：そうですね。そのあたりの経緯は、日本語学者の山口仲美さん（注3）の著書『日本語の歴史』（参5）にわかりやすく書いてあるんですが、簡単に説明すると、漢字はもともと表意文字だったので、これを日本語に当てはめること自体は難しくなかったそうです。
たとえば、ヤマという言葉を表すとき、漢字には「山」があるので、「これ、使えるね」となるわけです。でも、「山」には中国語の発音ではサン、シャンという読み方がある。そこに日本語の「ヤマ」も入れてしまったので、ひとつの漢字に対して、複数の読み方があることになってしまった。

(3) **山口仲美**：日本語学者。埼玉大学名誉教授。

また、日本語にはいわゆる「てにをは」のような助詞や助動詞（注1）などもあるので、そこもなんとか表記しなくてはならない。でも、そうした言葉は「ヤマ」なんかと違って、具体的な意味はないので音だけを表す必要がある。そこで、日本語の音を表すために、音が似ている漢字を持ってきて使おう、ということになったんです。漢字の持つ意味は無視して音だけ。それが万葉仮名です。

ふかわ：無視するってなかなか大胆ですね。それって、民衆が決めたのですか？　それとも権力者が？

川　添：少なくとも文字が読める人たちでしょうから、当時の状況だと、ある程度の知識層ということになるでしょうね。でも、先に挙げた『日本語全史』には、「漢文が正式の、また通用の文章であったなかで万葉仮名文が用いられているというのは、万葉仮名文書はおそらく漢文が十分には書けない、識字能力の低い人によって作成されたものかと考えられる」とも書かれています。そうだとすると、知識層ではあるけれども超エリートではない層の人たちが、積極的に使っていたということになるのかもしれません。

(1) **助動詞**：動詞・形容詞・形容動詞につき、意味を添える働きを持つ語。「れる」「です」「ます」など。

ふかわ：そういう人たちのほうが数的に多かったのでしょうね。

川　添：でも、万葉仮名は漢字なので、使い勝手がよくないんですね。たとえば、中国語で書かれた漢文を日本語で読む「漢文訓読」をするときに、助詞や送り仮名や返り点を万葉仮名で書くと、漢字の横にまた漢字を書き込むことになって、とても読みづらいものになってしまうんです。

ふかわ：たしかに、文字化けしているみたいです。

川　添：そこで、たとえば「宇」のうかんむりの部分だけとって「ウ」にしようとか、「利」から右半分を取り出して「リ」にしようという、簡略化の発想が生まれてきた。それがカタカナです。

ふかわ：ほー。簡略化って大事なんですね。それくらい、もともと日本人が使っていた音だけの言語がベースにあって、「漢字だけでは足りないんだ」という強い意思、人格を感じますよね。しっくりくるように仕立てられたオーダーメイドの言語が必要だった。

だからこそ、ひらがなやカタカナが生まれた。自分の思いをほぼ一〇〇パーセントに近い状態で言語化できるものを発明したのではないかと。

川　添：そうですね。ひらがなについては、カタカナとはまた別に、書きやすさを重視して万葉仮名を崩していった結果、できあがった、というのが通説になっています。

ふかわ：書きやすさを重視？

川　添：はい。平安時代になって、『源氏物語』(注1)や『枕草子』(注2)といった文学作品が生まれたのは、ひらがなによって、サラサラ書けるようになったことと関係があるそうです。溢れる思いをそのままのスピード感で文字化できるようになったんでしょうね。

それまで政治的な、公的なものとして使われていた文字が、私的な感情を書くのに使われるようになったというのは、大変革だったと思います。

ふかわ：おお。スピーディな文字化によって、感情を吐露しやすくなったのですね。『枕草子』って、「あるあるネタ」ですよね。フリップ芸ですよ。「私がかわいいと思うものー」「赤ちゃんの手ー」みたいな。

川　添：たしかに(笑)。ひらがなの柔らかさゆえに、自分の気持ちを素直に投影しやすかったんでしょうね。

(1)『**源氏物語**』：作者は紫式部。平安時代の貴族社会を舞台にした恋愛長編小説。
(2)『**枕草子**』：作者は清少納言。朝廷内での出来事や感じたことが綴られた随筆集。

ふかわ：識字率自体は、日本では昔から高かったんですか？

川　添：そのあたりは、私はよくわからないですね。ただ、現在でも、日本語のように文字を持つ言語は、世界から見て少数派みたいです。

ふかわ：文字を持たない言語がまだ多いんですか？

川　添：ええ、トータルで見ればそうですね。少数民族の言葉などは、文字を持たない、音声言語が多いです。

ふかわ：彼らは記録しようとはしないんですか？

川　添：文字ではない方法で残しているかもしれませんけどね。文字にすることがそれほど重要ではないから、音声言語のままでいるんでしょうね。音声言語では、歌にして口伝えで人から人へ文化を伝えることが多いんじゃないでしょうか。

ふかわ：チベット民族も歌うことが好きですよね。でも彼らの音楽には音階がないんですよ。というと、語弊があるのかな。西洋音楽の五線譜のような概念がないんです。楽譜的なものは存在するんですけど、ドレミファソラシドのようなものはない。ハミングっぽいというか。それを継承するって難しいと思うんですけど。彼らなりの伝え方があるのかもしれません。

川　添：たしかに、いわゆる西洋音階だけがスタンダードだとは言えませんよね。

ふかわ：沖縄の音階も「ドミファソシド」。「レ」と「ラ」がないと言いますよね。インドネシアも同じで、西洋のものとくらべると音階が少ないんだけど、でも我々の心をキュンとさせる何かがあるんですよね。

川　添：そのあたり、文化的にもつながっているんでしょうね。

ふかわ：そう思います。

日本人に、ジェスチャーはいらない？

ふかわ：あと、もうひとつ、私が感じるのは、漢字・ひらがな・カタカナ・オノマトペなど自分の中にある思いを一〇〇パーセントに近い形で言語化できるようになったおかげで、他国にくらべて、我々はジェスチャーが減ったんじゃないかなと思うんです。

欧米人が長く日本で暮らして、日本語に慣れ、オノマトペも使いこなして、自分の思いを一〇〇パーセント表現できるようになったら、ジェスチャーは少な

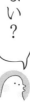

くなるんじゃないかと思うんですよ。欧米人といえど。

川　添：その考え方はおもしろいですね。感情の機微を細やかに表現できるツールが言語の中にたくさん備わっていたら、身振り手振りよりもそっちを使おうという心理が働くのかもしれないですね。

また、ジェスチャーとはちょっと違うかもしれませんが、世界の辺境を旅しておられるノンフィクション作家の高野秀行さん（注1）は、これまで二十五以上の言語を学ばれたそうなんですが、「言語ごとにノリが違う」とおっしゃってました（参6）。

ふかわ：ノリ、ですか。

川　添：実際、日本人が一生懸命、外国語を学んで現地に行っても、そこでの言葉のノリがつかめないとイマイチ通じない。逆に、言葉自体はあんまり知らなくても、ノリがつかめていたら、相手に受け入れられやすいということはありますよね。

ふかわ：言語ごとにノリがあるっていうのは考えませんでした。

私は感情を表すのに、日本語は非常に適した言語だと思うんです。

たとえば、ハングルは600年くらい前に当時の統治者が作りましたよね（注2）。

(1) **高野秀行**：ノンフィクション作家。「誰も行かないところへ行き、誰もやらないことをやり、それを面白おかしく書く」をポリシーとして探検、執筆活動を続ける。

(2) **ハングル**：1443年、李氏朝鮮の第四代国王である世宗と学者たちによって、国民が簡単に読み書きできる文字としてつくられた。

そのおかげで識字率が上がる一方で、自分の気持ちにぴったりくる表現が損なわれてしまっている気がするんです。何かあったときに韓国人はとても激しく感情を露《あら》わにするでしょう。それが自分の感情の受け皿のある日本語との違いかなと。どちらがいい、悪いではなく。

川　添：私はそのへんはよくわからないですけど、おもしろい仮説だと思います。学術的に証明できるかといえば、難しいと思いますが。

ふかわ：感情を露わにすることに対する考え方も、文化によって違うとは思いますが、日本人はどちらかというと、以心伝心や暗黙の了解のように、感情を内に秘めることに価値を置いているのも影響している気がします。

海外のオノマトペ

ふかわ：オノマトペって、外国にもあるんですか？

川　添：あります。日本語と英語のオノマトペを比較した研究もあります（参7）。英語のオノマトペは、動詞に組み込まれている例が多いみたいですね。

たとえば「crash」とか「smash」みたいに、動詞の最後につく「-ash」が「強い打撃」を表すとか。

ふかわ：どちらも似た感覚、現象がありますね。

川　添：そうですよね。あと、動詞の頭に「fl」がつくのは、速さに関連しているとも言われていますね。「flip」とか「flap」とか。

ふかわ：オノマトペとして独立するのではなく、動詞に組み込まれているというのが日本との違いというか。農耕民族と狩猟民族の違いがある気がします。時間への向き合い方、スピード感みたいなものが違う気がするんですよね。一年周期で作物を育てる民族と、獲物を見つけたら即座に仕留めなければならない民族と。身の危険もあるから、結論をさっと伝える必要性がある。ジェスチャーが大きいのも同じ背景でしょう。日本語みたいに、最後まで聞かないと否定なのか肯定なのかわからないなんて、困るわけですよね。文法の違いもそういうところから来ているのかなと思っているんですけど。

川　添：「クシャッとつぶす」なんて言っていられないから、「クラッシュ」。一語にしちゃえということでしょうか。たしかに「クラッシュ」のほうが、勢いは感じますね。

ふかわ：ゆっくりしゃべっていられないという。

川　添：他方、日本語で独立した語としてのオノマトペが多いということは、それだけ自分が受けた印象を正確に伝えたい、シェアしたいという欲求の現れかもしれませんね。

ふかわ：正確性というか、かゆいところに手が届く感じが日本語にある気がします。緻密な表現が得意なんじゃないかと。

川　添：日本語のオノマトペを見ていると、相手に伝えるときの熱量の強さを感じますね。医療用語とか、腹痛ひとつとってみても、「シクシク」「チクチク」「キリキリ」など、いろんな言い方がありますし。

ふかわ：「辛《から》い」という言葉がない国もあると聞いたことがあります。あっても、英語なら「hot」一択ですよね。

川　添：味に関しても、日本語は豊かですよね。それも味の豊かさとつながっているところがあるのかもしれません。

ふかわ：昔にくらべてイギリスもおいしいものが増えてきていると言っても、イギリス人の国民性は食文化に反映されている気がします。わりと大ざっぱというか。

英語への嫉妬

ふかわ：日本語は大好きですし、誇らしいですけど、私、常日頃から英語には強い嫉妬を抱いているところがあるんです。

川　添：嫉妬ですか？（笑）

ふかわ：あのリズム感には敵わないなと思うんですよ。歌でも、言葉自体の抑揚というかレンジも広く、グルーヴがあるでしょう。日本語の俳句や短歌も私は大好きなんですけど、抑揚というよりは平坦というか。

川　添：英語にグルーヴ感があるというのは、音節で言葉を区切るからかもしれないですね。たとえば「information」という単語は、in（イン）・for（フォ）・ma（メー）・tion（ション）と四つの音節に区切って発音しますよね。それだけで「うねり」が出てくる感じがします。

一方、日本語では原則として、カナ文字の一字分に相当する「モーラ」という単位で区切ります。つまり、「イ・ン・フォ・メ・ー・ショ・ン」みたいに細かく区切られるので、英語にくらべて平坦な感じがするのかもしれません。

ふかわ：英語はあれだけ抑揚があってリズミカルで、状況を華やかに表現できるのに、彼らはジェスチャーも足してくるじゃないですか。よっぽど中に詰まっているんだなと思って。

川　添：表現したいことが。

ふかわ：欧米人のジェスチャーって、どういう必要性があって多用されているんだと思いますか？

川　添：文化的な違いもあると思いますけど、ジェスチャーを多用するってことは、それだけ、「言葉だけに頼っていない」ということかもしれないですね。

ふかわ：ハグとかの文化があるわけですしね。ああいう慣習が日本人に根付かないのも何か要因がありそうですけど。数年、海外で暮らして帰国すると、身振りやノリが日本人じゃなくなっている人もいますよね。

川　添：そうですね。言葉そのものよりも、ジェスチャーとか、佇まいとかに外国の空気を感じますよね。

日本人は目、欧米人は口

ふかわ：「目は口ほどにものを言う」ということわざが日本人には刷り込まれているじゃないですか。コロナ禍で、マスクで口を隠したとき、我々日本人はもともと目を見て感情を推し量るところがあったから、それほど不便ではなかったけれど、欧米の人は困難だったのではないでしょうか。実際、英語の顔文字を見ても、口元がフィーチャーされていますし。

川　添：たしかにそうですね。

ふかわ：でも、そもそも相手の感情を推し量るような文化は欧米にはないのかなとも。というのも、私が海外でスーツケースを引きずって歩いているとき、道を尋ねてくる人が結構いるんですよ。どう見たってトラベラーなのに。相手がどういう状況にあるのか、気にしないのかなと思ったんです。
日本人って「この人はどういう状況に置かれた人だろう」って、少し考えるじゃないですか。それが行き過ぎると、空気を読む、みたいなことになるのですが。

やはり、個よりも全体を重んじているんだろうなと。だからこそ、口にしなくても、表情や目つきから汲み取る習慣ができたのではないかと。

川　添：日本では、他人の目を気にする人が多いってことなんでしょうね。「道を聞きたい！」という自分の都合よりも、この相手から「変な人」と思われるんじゃないかとか、迷惑なんじゃないかとか、そういう心配を優先させちゃう人が多いのかも。まあ、私自身も結構そうなんですけど（笑）。言葉を発する前に、相手の表情とかから、できるだけ情報を読み取ろうとしますね。

ふかわ：目で伝えるということは、日本人は得意なんでしょうか。

川　添：日本では、目から意図を読み取ることを重視している感じはしますよね。漫画の表現でも、善人のキャラは黒目が大きくてキラキラしていて、悪役キャラは白目の面積が大きいですし。

そういえば、マーベルなどのアメコミヒーローのコスチュームって、目を隠して、口元は見えているのが多いですよね。

ふかわ：たしかに。顔文字にしても、日本人は目、欧米人は口ということですかね。

川　添：今思い出したんですけど、『静かなるドン』（注1）という漫画の主人公が昼間は

(1)『**静かなるドン**』：作者は新田たつお。1994年、中山秀征主演でドラマ化もされた。

冴えない会社員で、夜はヤクザの組長という設定なんですけど、会社員のときと組長のときとの切り替え方が「サングラスをかけるか、かけないか」なんです。サングラスをかけると立派な組長に見えるので、いつも会社で主人公に会っている同僚でも、全然気がつかないんですよね。これも、日本では目の表現によってキャラが変わるということの一例だなと思いました。

ふかわ：そうですね。サングラスというと、日本の芸能界でいえばタモリさん（注2）。考えているときの目が見えないというのは大きいと思いますね。もちろん、タモリさん自身の博識さとか力量があってこそで、誰もがサングラスをかければあの域に達するわけではないですけど。よりタモモさんをタモさんとしたアイテムが目に関するものというのは興味深いです。

川　添：認知心理学者の山口真美さん（注3）によれば、生後七ヶ月の日本人とイギリス人の赤ちゃんが人の表情を見るときの視線の動きを調べたところ、日本人の赤ちゃんは目元に注目し、イギリス人の赤ちゃんは目元と口元の両方に注目したそうです（参8）。そんなに小さい頃から顔の見方が変わってくるなんて、驚きです。

(2) **タモリ**：本名、森田一義。日本のお笑いビッグ3の1人。
(3) **山口真美**：認知心理学者。中央大学文学部教授。生後1歳未満の赤ちゃんを対象に「世界を見る能力」（視知覚能力）の発達に関する研究を続ける。

ふかわ：日本人は欧米人にくらべて、話すときに口を大きく動かすことが少ないから、やっぱり目に集中してしまうんでしょうか。

川　添：そのあたりは専門の人に聞かないとわからないですけど、口の動きの大きい、小さいが関係している可能性はありそうです。

抑揚と情報量

川　添：あと、「日本人は早口だ」というのは聞きます。一音節あたりの情報量が英語とかにくらべて少ないので、その分早く言うことで結果的には同じような情報量を伝えている、みたいな。

ふかわ：一音節の情報量！　意識したことなかったです。

川　添：普通はそうですよね。

ふかわ：発音にあまり抑揚がないからじゃないですか、英語とかにくらべると。口をあまり動かさず、するすると話すイメージ。

川　添：ダダダダダダダダ、という感じですね。

ふかわ：ええ。わりと平坦な感じで。それも性格や環境によるものだと思うんですけど。関西の人たちはやっぱり商業の町だから、歩いている人の注意を引かないといけないというマインドがあるというか。関西弁は関東弁よりも音域幅が広いんですよね。オクターブが広いと、単純に聞いていて飽きない。のっぺりしているとすぐ飽きてしまうんですけど。抑揚があるほうが人を引き止めやすいというか、その必要性が抑揚の幅を広げたのかなと思うんです。

川　添：漫才なんかでも、関西弁だと独特のテンポが感じられますよね。そういえば、ナイツの塙さん（注1）が著書の中で（参9）「漫才をする上では今の東京言葉は勢いをつけにくいし、感情を表現しにくい」と書かれていました。「関西弁のほうが感情を乗せやすくてうらやましい」と。そういうことも関係あるかもしれないですね。

(1) **ナイツの塙さん**：お笑いコンビ・ナイツの塙宣之。漫才師。2018年より「M－1グランプリ」の審査員を務める。

ふかわ：逆に、関西の人にとって、東京弁の漫才ってどのように聞こえるんでしょう。のっぺり感じるのかもしれないですね。

「わかってもらえる」という幻想

ふかわ：先程、「欧米人は言葉だけに頼っていない」というお話がありましたが、日本人は言葉に頼っている印象はありますか？

川　添：なんとなくですが、日本の場合は、他人に対して「そこまで多くの言葉を費やさなくても、ある程度はわかってもらえるはず」という幻想を抱いてる人がまだまだ多いような気がしますね。そういう意味で、ちょっとした言葉遣いや、微《かす》かなニュアンスでわかってもらえると思っているし、実際そうであってほしいという願望があるのかも。
欧米といってもいろんな国がありますから一概には言えないと思いますけど、少なくとも、日本人ほど「少ないヒントでわかってもらえる」とは思っていない気がします。「好きだ」というのも、言葉だけじゃ伝わらないから、表情や身振りで表現する。より、「わかってもらおう感」が強い。

ふかわ：欧米人は頻繁に「アイラブユー」と言っているイメージですよね。日本人の「言わなくてもわかるでしょ」とは対照的に。それも今は崩壊しつつあって、日本でも「言いたくなくても、言わなきゃいけないんだ」「以心伝心に甘えるな」という方向に変わりつつありますけど。

でもベースには相手の感情を推し量る文化があるんでしょうね、我々には。

川　添：英語とくらべて、日本語のほうが「好き」という感情の伝え方が繊細ですよね。「好き」にも「好きだよ」「好きだ」「好きです」「好きよ」……など、いろいろな言い方があって、それぞれニュアンスが違いますよね。日本語では、助動詞や終助詞（注1）のようなアタッチメントで細かくニュアンスを変えられますよね。

ふかわ：アタッチメント！　日本語はかなり細かく選べますね。そういうのも、日本人の人格がアタッチメントスタイルを選んだということですか？

川　添：人格が先かスタイルが先かはわかりませんけど、「できればそのへんを繊細に表現したい」という欲求が、そういうスタイルを発達させてきたのでしょうね。

(1) **終助詞**：文の終わりにつく助詞。「か」「ね」「よ」「さ」など。

ふかわ：もし、細かくアタッチメントできない言語圏にしばらく住んでいたら、性格も変わってしまいそうですね。

川　添：そうですね。「よ」とか「だ」「です」というアタッチメントが使えないとなると、身振り手振りで細かいニュアンスを伝えようとするかもしれないし、あるいは「もう細かいことは伝わらなくてもいい」というふうに頭を切り替えちゃうかもしれない。

ふかわ：私の叔母がフランスに二〜三十年住んでいたんですけど、フランス人になっちゃいました。それは街や人もありますけど、やはり言語だと思うんですよね。フランス語を使っていると、だんだん自分の魂もそちらにアジャストしていくというか。食生活などよりも、言葉が一番、人に与える影響が大きい気がします。

アタッチメントには
愛着っていう
意味もある
らしいな

素敵な「曖昧」

ふかわ：ぜひ、日本人の曖昧《あいまい》好きについても話しておきたいんです。断定を避ける曖昧な表現も、否定か肯定かも最後まで聞かないとわからない文法も、日本人はそういうスタイルを選んで、今日に至るわけですよね。

川　添：そうですね。ただ、世界の言語でいうと、日本語と同じく、最後まで聞かないと結論がわからないＳＯＶ型、つまり「主語―目的語―述語」型の言語の割合は約四十パーセントだそうです（参10）。意外に多いんですよ。

ふかわ：え！　それは初めて聞きました。

川　添：ちなみに英語、中国語、フランス語のようなＳＶＯ型、つまり「主語―述語―目的語」という語順を持つ言語は三十五パーセントほど。韓国語、トルコ語も日本語型。韓国人とトルコ人と日本人が性格的に似ているかというと、ちょっと違う気がしますよね。

ふかわ：それは、意外です。

川　添：なので、語順と文化が直接結びつけられるわけではないんですが、もともとあった語順をベースにして、それぞれの土地で風土に合った話し方が固まってくるということはあると思います。

ふかわ：日本人は結論を先延ばしにし、さらに曖昧に、ぼやかすところがあるでしょう。私はそこが日本人の素敵なところだと思っているんですよ。なるべく、断定を避けるところ。

川　添：そうですね。何かにつけて、「できるだけやんわり言おう」という力が働きますよね。

ふかわ：先程の「笑顔もツール」という話でも、たとえば「これ、いかがですか？」と聞かれて、「いいえ、大丈夫です」と断るときも笑顔を添えるでしょう。断るのは悪いからせめて愛想笑いでコーティングして提供する文化があるじゃないですか。でも、これは欧米の人からすると「その笑顔はなんだ」という話なんですよね。断っておいて、笑っているのは意味がわからないという感想を聞いたことがあるんです。

川　添：意味のわからない笑みを向けられる側としては、ちょっと気味が悪いかもしれ

世界の言語で一番多いのはSOV型、二番目がSVO型。ちなみに三番目はVSO型（アイルランド語など）です

ませんね。

あと、日本語の「大丈夫です」という言い方も、だいぶ曖昧ですよね。

ふかわ：そうなんですよ。「大丈夫」の使い勝手問題に関しては、後程じっくりうかがいたいと思いますが、日本人の断定を避ける傾向についてはどう思いますか。

川　添：ひとつは、いい意味では「品を保つ」という意味合いがあるのかなと思いますね。

ふかわ：わ、意外な見解！

川　添：はい。ふわっとさせることで丁寧に見せる。

「書類をお預かりします」ではなくて、「書類のほうをお預かりします」とか。

「お車が到着しました」ではなくて、「お車が到着したようです」とか。自分と物事の間にワンクッション置く感じがありますよね。

ふかわ：意地悪な見方をすると、責任の所在を曖昧にしている感じですよね。そこでも曖昧が効いている。

川　添：たしかに、曖昧にすることで、「自分の判断じゃない」という責任逃れにもなるし、「私はそれを判断できる人間じゃないです」という謙遜《けんそん》も表せるので、いろいろな感情が混ざり合いますよね。

ふかわ：責任逃れと謙遜のハイブリッド！　日本人らしいなぁ。しばしば耳にする「誤解を与えたのであればお詫びします」みたいな、煙に巻く感じ！

川　添：出ましたね（笑）。「不快に思われたのであればお詫びします」という類例もあります。「誤解するのも不快に思うのもそちらがなさることなので、それに関しては私どもは一〇〇パーセント責任を持つことはできないんですが、一応お詫びしときます」という感じですかね。

ふかわ：この混ざり具合、絶妙ですね。責任逃れに自信のなさに謙遜に、そこに調和も入りませんか？　全体の和を乱したくないという気持ち。

川　添：とりあえず謝ることで、どうにか丸く収めようという意図が見えますよね。

ふかわ：なんでも欧米と比較するのもよくないかもしれませんけど、日本の全体主義と欧米の個を重んじる文化の違い。野球でも「三番バッターからの流れがよかったですね」という日本に対して、「流れってなんだよ、俺が打ったんだよ」という欧米。だから、皆保険制度も浸透しにくい。自我を認識するときにも、我々日本人は「自分」という座標がはっきりしていなくて、関係性で自分の居場所を認識している気がします。

一方、彼らは関係性は重要じゃなくて、「俺はここにいるよ」っていう意識が強いんですよね。そういう自我の捉え方がそれぞれの言語に影響している気がするんです。

川　添：日本では、最終的にはお上が決定したことに従うっていうことが、長い間、行われてきましたからね。個ではなく、公。長い歴史をそういう姿勢で生きてきましたから、「自分はこうだ」とか「自分はこう思う」とはっきり言いづらいような土壌がまだ残っているんでしょうね。

ふかわ：それがいいほうに作用することもあるのでしょうが、一長一短なのでしょう。

「大丈夫」問題を考える

ふかわ：曖昧好きの代表例として、「大丈夫」問題も話しておかなければなりませんね。否定なのか肯定なのかわからない。日本語を学ぶ外国の方は相当、苦労しているだろうなと思います。だって、意味わからないですよね。「ＯＫ」も「No, thank you」も「大丈夫」なんですから。もう、無理ゲーですよ。

川　添：そうですね。そもそも日本語には文字が三種類あって、漢字にはさらに音読み、訓読みがあって、それだけでもかなり難易度が高い。そのうえ、雰囲気で判断しなければならない言葉が多過ぎますよね。「ちょっと」とか。

ふかわ：ああ、「ちょっと」！　これも、いろんな「ちょっと」がありますね。

川　添：「ちょっと、ひと休みする」みたいな「少し」の意味合いもあれば、「それはちょっと……」みたいな拒絶の意味合いもありますよね。

これは実際に論文で報告されていた事例なのですが（参11）、外国の方が日本で仕事の面接を受けたときに、会社側の人が「採用はちょっと難しいですね」と言ったそうなんです。これはもちろん「不採用です」という意味なんですが、その外国の方は「少し難しい」という意味だと解釈して、「それなら、もう少し頑張れば採用してもらえる」と思ってしまったそうなんです。

ふかわ：それって、言葉は「ちょっと」ですけど、かなりの違いですよね。「大丈夫」も同様に、対極の意味がある。それを使いこなしている日本人ってすごい！

川　添：そうですね。もっとも、日本人同士でも誤解を生むことはありますけどね。

ふかわ：そうでしょうね。でも「ノーサンキュー」の意思を伝えるのに「大丈夫」を使うのって、「ノー」をあからさまに言いたくないからですよね。愛想笑いと一緒で、否定をコーティングしている。それは、日本人は群れの中で「嫌われたくない」という思いが強いからでしょうか。傷つけたくない、悪者になりたくないという。

川　添：それはあると思います。今、ふかわさんが以前、番組で話されていたコンビニでの「いいえ」の話を思い出したんですけど。

ふかわ：ああ、コンビニに行くと「ポイントカードありますか」「レジ袋いりますか」「お箸つけますか」ってやたらと聞かれるから、それにいちいち「いいえ」を返していると、顔つきが「いいえ」になっていって、やがて「いいえおじさん」になってしまうという話。そうしたら、川添さんが……。

川　添：私は「なしで大丈夫です」って言います、って。

ふかわ：ギリ肯定（笑）。

川　添：「今日は急いでいるので大丈夫です」とか理由をつければ、否定の「大丈夫」だということが伝わるし、「いいえ」とか「いりません」みたいな直接的な否定の言葉を使わなくて済むんですよね。そういった意味では、「大丈夫」は非常に便利な言葉だと思います。

ふかわ：「結構です」も使えると思うのですが、考えてみると、「結構」も「大丈夫」も、似た運命を辿っているのでしょうか。

川　添：「結構です」も「大丈夫」と同じように、相手の申し出を承諾するのにも却下するのにも使えますね。あと「ＯＫです」も。

ふかわ：英語でそういう言葉はありますか？　やっぱり要らないときは「ノーサンキュー」と言うしかないんでしょうか。

川　添：「I'm fine」に、日本語の「大丈夫です」と同じような機能があるらしいです。「要らない」というときに「No, I'm fine. Thank you」と使うようです。

ふかわ：英語でもあるんですね。

川　添：そうですね。「ＮＯ」をつけたほうが親切なんですけど、「I'm fine」だけでも一応通じることは通じるそうです。

ふかわ：「ＮＯ」をつけないのはたぶん省略なんでしょうね。

川　添：おそらくそうでしょうね。あと、相手を見限るみたいなシチュエーションで「お前には心底呆れたから、もう期待しない」という意味で、「fine」と言ったりするらしいです。そういう悪い意味の「fine」もあるので、ちゃんと空気を読まないと「ＯＫ」なのか「No, thank you」なのか、「お前にはもう呆れたよ」と言われているのかわからない。

ふかわ：おもしろいですね。「fine」の二面性。「ヤバい」なんかもそうですけど、言葉って、そういう側面ありますよね。二面性という意味では、人間と同じですね。

川　添：そうですね。ひとつの言葉でも、使われているうちにいろんな面が出てくるというか。個人的には、英語の「cool」と「hot」が、もともとは「涼しい」「熱い」っていう反対の意味なのに、どっちも「カッコいい」という意味でも使われるようになったっていうのがおもしろいと思っています。

薄め上手な言葉たち

ふかわ：曖昧グループには「〜的には」というのもありますね。「私的には」とか。「私は」でいいはずなのに、「的には」をつけて、ちょっとぼやかす。
あと「あちらのほうで〜」という「ほう」。これもちょいちょい薄めて、希釈

の役割を務めている。日本人は割るのが上手ですよね。バーテンダー並みの割り上手。

川　添：ロックでは勝負しない感じですか（笑）。

ふかわ：そう！　まさに、真っ向勝負を避けている気がします！　戦いたくないんですよ。よくいえば、平和主義。これも国民性ですかね。

川　添：ぼやかす機能を持った言葉には「とか」なんかもありますね。コーヒーを飲むと決めているのに、「コーヒーとか飲む」と言ったり。東京にしか行っていないのに、「東京とか行ってきた」と言ったり。

ふかわ：接客関係で耳にしがちだから、こういう言葉がなんとなく丁寧に聞こえたり、肌触りが優しい印象になったりすることすらあるんですけど。本来、そういう役目はないですよね？　ぼやかすことによって、圧を弱めようとしているんでしょうか？

川　添：そうですね、これも目上の人の前で自分の意見を堂々と言うことが憚《はばか》られた時代の名残のような気がします。

ふかわ：どこかで薄めたがる習性が残ってしまっているんですね。

川　添：そうなんでしょうね。
ふかわ：ついさっきなんですけど、誰かのマネジャーが電話で話しているのが聞こえてきて。その中で、私の網に引っかかった表現がありまして。
川　添：どういった表現だったんですか？
ふかわ：「ところで、ギャラ感なんですけど」（笑）。
川　添：ギャラ感！（笑）
ふかわ：もう、早く報告したかったです。
川　添：いいのが釣れましたね。
ふかわ：ピチピチしてました（笑）。「～感」。「透け感」とかっていうのも時々耳にしますが、「ギャラ感」って。誰が言い出したのかわからないですけど、おそらく最近ですよね。「ギャラはいくらでしょうか？」と単刀直入に聞くのは、たとえ芸能プロダクションのマネジャーでも憚られるんでしょうか。オブラートとしての「感」。きっと響きもいいんでしょうね。
川　添：たしかに、響きの面でも、「ギャラ感」は新しいですね。
ふかわ：お金関係だと最近、「予算感」というのも聞くんですよ。ここにも薄め上手がいましたね。

川　添：「感」を動詞につけるのは最近、耳にしますけどね。「やってる感」とか「言ってる感」とか。

ふかわ：ありますねー。ギャラ感、予算感はこれまでなら「ギャラのほうは～」と「ほう」を使っていたんでしょうけど。音として「感」がチョイスされやすい気がします。もうじき、「ギャラみは？」って言うマネジャーが登場するかもしれません。

言葉って耳から入って口から出るから、入ってくるときに心地のいいものが残っていく気がするんです。入ってきたときは「透け感」だったとして。よく耳にしているうちに、そこから「感」だけを取り出して、他の言葉につける。これも「アタッチメント」でしょうか。無意識だと思うんですけど、そういう人間の営みはおもしろいですよね。

川　添：そうですね。他の人が語感のいい言葉を言っているのを見ると、自分も言いたくなりますよね。ついつい真似しちゃう。

ふかわ：「真似したくなる」というのは、やはり音がよかったり、時代との相性がよかったりということなんでしょう。今は「感」が必要とされる時代。ファッションアイテムの流行と同じですね。

川　添：人にお年玉とかお金を渡すときに、そのまま渡すのって憚られるじゃないですか。大阪の人だと「裸でごめんね」なんて言って渡しますよね。「感」はそういうときの、封筒とかポチ袋的な感覚ですよね。

ふかわ：ポジティブにとらえればそうですね。そういう役割もあるんでしょう。言いづらいことをあの手この手で薄める、曖昧表現は日本のお家芸でしょうね。「しっとりしている」と言わずに、「しっとり感」と言うのは、しっとり専門家じゃないという謙遜か、単に言いやすいだけなのか、主観を避けている気がします。

スタンダードになれたのは時代に求められたから

ふかわ：あと、これも時代に求められているんですかね。ずっと気になっているのが「普通に」。

川　添：ああ、ありますねー。

ふかわ：「普通」という言葉も奥行きがあって、研究対象になり得るんです。まあ「普通なんてものはない」という人もいますけど。

「普通においしい」とか言うでしょう、最近。引っかかりませんでしたか？

川　添：引っかかりますね。自分の書いた本に「普通におもしろかった」っていう感想をもらうと、微妙な気持ちになっちゃいます。

ふかわ：「おもしろかったです」では足りない何かがあるのでしょうか。

あれって「普通に」って言っておきながら、普通より上のレベルのときなんですよね。「普通に」が別のステージ、新たなフェーズに入ったような気がします。

川　添：あれは「おいしくないかも」「おもしろくないかも」といった否定から入ったから、

「意外とよかった」という意味も含めた「普通においしい」「普通におもしろい」という褒め言葉になっているんですかね？

ふかわ：それもあると思います。だけど、音として伝わってしまうと、それが意味を持たなくなることがあるじゃないですか。今の「普通においしい」の「普通に」はそれほど意味を持っていないと思うんですよ。それがスタンダードになってしまっていて。

川　添：意味合いより、もう「響き」になってしまっている。

ふかわ：はい。やはり、そういうフェーズに入るには、使う側の心情と相性がいいんだと思うんです。

たとえば「エモい」も今はスタンダードになっているけど、同じような意味合いの言葉はこれまでもあったじゃないですか。それらの多くが使われなくなり、消えていく中で「エモい」が生き残り、スタンダードにまで上り詰めたのは相性のよさ。時代と、若者たちの感情のマリアージュで生まれた言葉だと思うんですよ。

川　添：「エモい」という響きが、時代にフィットしたんでしょうね。

(1) **界隈**：「〇〇界隈」の形で、ある特定のコミュニティ、そこに属する人々を指す言葉。中でも「風呂キャンセル界隈」は若い女性を中心に浸透。「風呂に入るのが面倒」「週に2回しか入らない」という本来不衛生な事象をポップな印象に薄めるからか、女性アイドルなどが続々カミングアウトする事態に。

ふかわ：「エモい」の価値が上昇したのだと思います。なおかつ、「普通に」もそうですが、ここでも断定を避けている気がするんです。

川　添：「普通に」にしても「エモい」にしても、あと、「界隈」（注1）も、それが表す状況に幅がありますよね。相手がどう捉えるかは予測しづらいけれど、広い状況で使える無難な言葉とも言えますね。

ふかわ：そう、無難！　否定されにくい表現なんです。

網にかかった大物

ふかわ：あと昨今、耳にする言葉で私が気になっているのは、たとえばグルメリポーターがトマトのパスタを食べたときに使う「あんまりトマトトマトしていなくって、あっさりしていておいしいです」という表現。初めて聞いたとき「トマトトマト？」って。

その後、平原綾香さん（注2）がラジオのゲストにいらしたときに、ご自身が出演されるミュージカルについて「あまりミュージカルミュージカルしていない

(2) **平原綾香**：シンガーソングライター、サクソフォン奏者。近年は女優として、ミュージカルを中心とした舞台でも活躍中。

んですよ」とおっしゃったんですね。「きたー！」と思いました。

川　添：ミュージカルミュージカル（笑）。初めて聞きましたけど、言わんとすることがなんとなくわかるところがすごいですね。

ふかわ：仏教の機関誌の取材を受けたときなんですけど、記者の方が「あまりお寺お寺していない機関誌なので」とおっしゃったんです。その方は違和感なく話されているんですけど、僕からしたら、すごい大物を捕獲した気分でしたね。

川　添：それはすごい（笑）。「おてらおてら」っていう響きもいいですね。

ふかわ：そうなんです。そして、この重複＋否定。トマトにミュージカルにお寺と、それぞれちゃんとしたものなのに、それを薄めたほうが大衆に受け入れられるというメリットを感じて、曖昧にしている気がするんですよね。ここ七〜八年、網を張っているんですけど、続々と引っかかってくるんです。

川　添：ご苦労様です。

ふかわ：あと、この言い方はある種、表現として少し幼稚なところがありますよね。

川　添：そうですね。「青々」「スベスベ」のような、すでに確立した言葉とは違った新奇さとぎこちなさが、「トマトトマト」とか「お寺お寺」にはありますよね。

それでいて、トマトやお寺のどういった側面のことをそう言っているのかが具体的にはよくわからないというところが、ぼかし表現と共通していますね。

ふかわ：いつか「トマトトマトしたパスタ」や「ミュージカルミュージカルしているミュージカル」、「お寺お寺した機関誌」にも遭遇してみたいです。

第二章

なぜ、秋だけが深まるのか

言葉が先か、ジェスチャーが先か

ふかわ：私は慣用句を肴にお酒を飲むほど慣用句が好きなのですが、ふと疑問に思うことがあるんです。

たとえば「頭を抱える」。慣用句として浸透しているから、実際に困った場面に遭遇したときに頭を抱えるのか、本能的に、とっさにそうしたアクションが出たことがあって、それが慣用句になったのか。私は後者だと思っているんですけど。

「指をくわえる」も、推測では、ほしいものを買ってもらえない子供がついつい指をくわえて見てしまった、とか。「腹を抱えて笑う」も、笑い過ぎると腹筋が痛くなるから、自然とお腹を抱えて笑う人は発生しただろうなとか。体の部位を使った慣用句は多いと思うんですけど、ジェスチャーが先か、言葉が先か、どうなんでしょう？

川　添：起源としては、たぶん動きが先だと思いますね。

ふかわ：「わー、どうしよう」と思ったときに腹を抱える人はいなかったということなんでしょうか。

川　添：そうだと思います。やっぱり、混乱しているときは頭をサポートしようとするんじゃないですかね。あるいは、誰かが困ったときにとっさに頭を抱えたのに共感して、やる人が増えた、とか。「たしかに、困ったときは頭を抱えがちだよね」と。いずれにしても、この手の表現って、複数の人間の間で何かしら共感を得られないと浸透していきませんよね。

人間には、何かの感情に伴って出てくる体の反応がいくつかありますよね。たとえば、恥ずかしいときに顔が赤くなるとか。そういった「顔が赤くなる」「赤面する」という言葉で「恥ずかしい」という感情を表現するようなケースは、人間の言語にはたくさんあります。

「膝を打つ」とかも、同じだと思います。納得したり感心したりした場合はつい膝のあたりを打ちたくなりますよね。

ふかわ：「膝を打つ」は日本の住環境が作った慣用句でしょうね。

川　添：そうかもしれませんね。畳に座っていたら、膝を打ちやすいですよね。ソファにふんぞり返って座っていたら、打ちにくいかも。
こういった言葉は、言語学では「メトニミー」と呼ばれる比喩の一種なんです。

ふかわ：メトニミー？　初耳です。

川　添：メトニミーというのは、何かを指すときに、そのものズバリではなく、近いもので言い表すような比喩です。「頭を抱える」とか「膝を打つ」のように、体の動きを使って感情を表すのも、その一種なんです。

ふかわ：ある意味、ジェスチャーの代わりを担っていますね。ジェスチャーではないですが、「腑に落ちる」というのも私、とても好きなんですよ。素晴らしい表現ですよね。我々は内臓を意識せずに言葉として使っていますけど、この言葉があることとの恩恵たるや。「腑に落ちたこと」に加え、この言葉がある「爽快感」で、スッキリ倍増！

川　添：わかります。ただ単に「わかった」とか「理解した」というのとは違って、身体的な実感がありますよね。

ふかわ：でも、きっと、誰かが最初に実感を伴って言ったんですよね。素晴らしいセンスだと思います。

川　添：あとね、私、これでごはんが何杯でもいける大好きな表現があるんですけど。酒だけでなく、慣用句でごはんもいけるんですね。

ふかわ：はい。それが「蚊帳《かや》の外」なんですよ。これは響きとしてもとても美しいでしょう。で、意味合いとしては疎外感を表す慣用句だけど、蚊帳を疎外感として最初に使った人はいったい誰なんだろうと。下手したら、「腑に落ちる」と同一人物かもしれないです。

川　添：もし同一人物だったら、何か賞を差し上げたいですね。

ふかわ：蚊帳を疎外感として扱うのは、お笑い芸人的なアプローチなんです。これを「まるで〜」という感じで持ってきたセンスに脱帽です。

川　添：蚊帳を実際に見たことがない若い人にもニュアンスは伝わりますものね。「うだつが上がらない」の「うだつ」を実際に見たことがない人も意味は知っているのと似たような。

ふかわ：うだつが上がらない！　私も言葉自体は子供の頃から知っていましたけど、実際に「うだつ」を見たのは大人になってからでした。感動しましたよ。私が見たのは岐阜でしたけど、この言葉の語源は徳島らしいですね（諸説あり）。

由来としては、火事の延焼を防ぐために設置されたものが、やがて富の象徴となり、経済的な豊かさを意味するようになったそうですが、「うだつ」を知らずに使っている人がほとんどですよね。

川　添：そうですね。この言葉は、比喩だったものが慣用句として定着したという感じですかね。

ふかわ：比喩から慣用句に出世するのか。皆にとってしっくりきたのかもしれないのですが、慣用句になるには語呂や響きのよさが重要な気がします。言いたくなるかどうか。今、何気なく使っている言葉の中にもやがて慣用句になるものがあるかもしれませんね。

表現が生み出す「カテゴライズ」

ふかわ：私のおつまみシリーズを続けていいですか？　たとえば「理論武装」。これは慣用句とは言わないと思うんですけど。もう、これを肴に朝まで飲み明かしたいです（笑）。

「理論」に「武装」ですよ。めちゃくちゃオシャレですよね。従来の武装といえば、刀とか殺傷能力のあるものでしょう。それを理論ですよ。

川　添：たしかに、オシャレですね。

ふかわ：そんな話をラジオでしたら、パーソナリティの野村邦丸さん（注1）が反応してくださって。野村さんが学生運動をしているとき、看板に「学生たち、理論で武装せよ」みたいな言葉が書かれていたそうなんです。ベトナム戦争に対する反戦の時代だったから、「我々は武器ではなく、理論で武装するんだ」という明確な意志があったことも知ることができたんです。

川　添：理論は本来、目に見えない抽象的なものですけど、「理論武装」という言葉が出てきたことで、「理論というのは、鎧のようにガチガチに固められるものだ」というイメージがつきましたよね。

ふかわ：「ペンは剣より強し」も好きですけど。あと「陸《おか》サーファー」。これの好きなところは「丘」じゃなく、「陸」と書いて「おか」と読むところ。「りくサーファー」だと、定着しなかったと思うんですよね。「おか」は口を動かしやすいんです。

(1) **野村邦丸**：茨城放送、文化放送勤務を経て、現在はフリーアナウンサー、ラジオパーソナリティ。『くにまる食堂』（文化放送）など帯番組を担当。

もうひとつが「日曜大工」。本職じゃないけど、お休みの日曜日はお父さんが大工さんていうね。元祖ＤＩＹの言葉だと思うんですよ。こういう組み合わせの妙がなんとも美味なんです。

川　添：「陸」を「おか」と読ませたり、「日曜」をつけたりするのは、並のセンスではないですね。やはり定着する言葉には、どこかしら光る部分があるということですね。

ふかわ：しかもね、ファッションだけで実際にはサーフィンしない人たちを「陸サーファー」という新たな言葉でくくったわけでしょう。阪神ファンを「虎党」と言うのはわかりやすいですけど、たった一言で端的にカテゴライズしたからこそ現象として認識されたというのがすごいと思うんです。「なんとなく世の中に点在する人たち」をひとくくりにしてしまう表現。それがすごくおもしろい。いやあ、酔っ払ってきました。

民意が言葉を淘汰する

ふかわ：こうしたカテゴライズが好きなのは日本人だからでしょうか？　血液型とか星座とか。信仰心は希薄だけど、自分がどこに属しているのか知るのは好きみたいなところ、日本人にはありますよね？

川　添：たしかに、日本では「どこに属しているか？」がものすごく重視されますよね。でも、たぶん、カテゴライズすること自体は人間は皆、好きですね。日本人に限らず。

ふかわ：カテゴライズの仕方に地域性や国民性が表れるのでしょうね。ヨーロッパの中でも国民性ジョークや、アメリカの州ごとの揶揄とかありますもんね。あと、これはカテゴライズになるのかな。サウナの「整った」。言い得て妙ですよ。あれもくくったことで現象になりましたよね。「整う」という言葉がなかったら、これほどのサウナブームにはなっていなかったと思うんですよ。

川　添：まさにそうですね。私はサウナに入る習慣がないので「整う」っていう感覚がどういうものかわからないんですけど、そのわけのわからなさも含めて「私も整ってみたい！」って思っちゃいますね。

ふかわ：そういうのって、なんだかんだ民意が問われるじゃないですか。ひとりで「整う」って言っていても周りが賛同しなかったら落選して消えていたと思うんです。

川　添：その通りで、新しい言葉は日々生まれていると思うんですけど、上り詰めて定着する、スタンダードになるのは大多数に共感されたからなんですよね。しっくりくる、フィットする、相性。自分も言いたくなる感じ。そこがポイントなんだと思います。

ふかわ：そういえば、ひと昔前に自由が丘を「おかじゅう」と呼ぶ風潮があったんですが、今は一切聞きません。自由が丘の人たちが無言で封じ込んだんだと思うんです。外野が茶化して作ったような言葉は「絶対に口にしない」という毅然とした態度で。血を見ることもなく。

川　添：言葉は使われなければ消えていき、共感され、使われ続けるものが残るということですね。

ふかわ：そこには、正しさを凌駕する何かがあるのではないでしょうか。「エモい」もかなりの定着率ですよね。

川　添：そうですね。気がつけば、私も使ってしまっています。もはや「エモい」でしか表せない感情がある気がします。

ふかわ：新たな価値基準になりましたよね。たとえば、ひとつの映画を評論するとき、泣けたかどうかが尺度になることがあるじゃないですか。あるいは、笑えるかどうか。でもエンターテインメントって、そんな二元的なものじゃないですよね。ジム・ジャームッシュ（注1）や小津安二郎（注2）しかり。その中で「この映画エモい」と言えるのはすごいと思うんです。

川　添：新たな言葉によって、新たな評価軸が生まれたということですね。

ふかわ：私も「エモい芸人」って呼ばれたいです。「キモい」はよく浴びましたが（笑）。急に思い出しましたけど、複数のコードが絡んでいる状態のことをドイツ語で「カーベルザラート（ケーブルサラダ）」って言うんですよね。これはかわいいなと。嫌な状況もネーミングひとつでポジティブになるんだと思いました。あと、名前がないところに名前をつけるという愛情。フランス語だと「デジャ・

(1) **ジム・ジャームッシュ**：アメリカの映画監督、俳優。1980年代の日本のミニシアターブームを牽引。映画ファンに愛される鬼才。
(2) **小津安二郎**：日本映画を代表する映画監督。『晩春』『麦秋』『東京物語』など70年以上も前の作品であるにもかかわらず今なお色褪せず、国際的にも高い評価を受けている。

ヴュ」とか。昼寝も「シエスタ」と言った途端、「チルい」印象に変わりますね。

川　添：名前をつけることによって愛着も湧きますよね。

ふかわ：カップ焼きそばの湯切りをすると、シンクが「ボンッ！」って鳴るじゃないですか。あれを私、「ペヤングアタック」と言っていました。ペヤング以外の場合もあるんですけど。

川　添：一平ちゃんアタックとか。

ふかわ：あと昔、教室で一瞬、全員が黙って静かになるとき、ありませんでした？　私の頃は「悪魔が通った」って言っていたんですけど、海外では「天使が通った」って言うらしいですね。天使と悪魔の違いはあるけれど、テーマとしては近いんじゃないですか。

川　添：何か、人ならぬものが通っていったということですよね。

ふかわ：わざわざ名前をつけて。それが海外とも通じるっておもしろいなあと思うんです。

漫画表現からスタンダードへ

ふかわ：静寂を表すのに「シーン」と言うでしょう。これは手塚治虫先生（注1）が漫画で使ったのが最初という説があるんですけど、いかがでしょう。

川　添：そうなんですか。「静寂」という、本来音がないものを「シーン」という音で表現しているところがすごいですよね。

ふかわ：「しんとする」からの派生なのか、これも「整う」と同じで、皆しっくりきて、手塚先生に乗っかったということでしょうね。違和感がなかったんだろうなあ。

川　添：「シーン」が誕生する前、どうやって表現していたのか想像つかないですよね。

ふかわ：今、当たり前に存在するものがなかった状態を想像するのって、おもしろいですよね。「0」の概念を生んだって言いますけど、「0」の概念がない世界って想像できないですし。

あと「ジーンときた」。これはオノマトペになりますか？

川　添：オノマトペっぽいですよね。感動している状態を表しているから、擬態語の一

(1) **手塚治虫**：言わずと知れた漫画の神様。1946年漫画家デビュー。藤子不二雄、石ノ森章太郎、赤塚不二夫など後に続く多くの漫画家に影響を与えた。1961年には手塚動画プロダクション（のちの虫プロダクション）設立。監督として数多くのアニメーションも手掛けた。

種ですかね。

ふかわ：ショックのときの「ガーン！」とか。図星だったときの「ギク！」とか。以前、馴染みの馬刺し屋さんの大将に「もしかして、醤油変えました？」って不意に聞いたら、その大将、まさに「ギク！」って言ったんです。漫画のようなやりとりでした。

川　添：「ギク！」は私もたまに言ってるかもしれません（笑）。でも、失敗したときの「トホホ」とかは、実際に言っている人、見たことないですけど。

ふかわ：漫画言葉ですよね。漫画から生まれた言葉もたくさんありそうですね。

川　添：トホホは「途方に暮れる」から来ているという説を見たことがあります。

ふかわ：なるほど。『そして僕は途方に暮れる』（注1）という名曲がありますけど。

川　添：「トホホに暮れる」だったら絶対に名曲になっていませんね。

ふかわ：「そして僕はトホホ」だったら、ちょっと聞きたいです。名曲って、メロディーラインと言葉がぴたっとハマると、もうそこは引き離せなくなりますよね。

川　添：言葉とメロディーがぴったりハマると、まさに名曲！って感じになりますよね。

(1)『**そして僕は途方に暮れる**』：大澤誉志幸の1984年のヒット曲。同年、日清カップヌードルのCMソングとしても起用された。

特にCMソングは最初っからそれを狙っているから、何十年経っても頭から離れないものが結構ありますよね。

ふかわ：オノマトペに該当するのかもしれませんが、楽しい気分の「ルンルン」や、怒っているときの「ぷんぷん」ももともと、漫画なんでしょうか。

川　添：どちらも確かなことはわかっていないみたいですね。本当かどうかわからないですけど、「ぷんぷん」については「憤憤」から来ているという説を見たことがあります。「激おこ憤憤丸」だったら、シャレにならないくらい怒っている感じがしますね。

また「ルンルン」については、私なんかは１９８０年頃のアニメ『花の子ルンルン』（注２）から来ているんだろうと思っていたんですが、辞書編纂者の飯間浩明さん（注３）によれば、アニメが終わった時期と「ルンルン」が流行り始めたと言われる時期にタイムラグがあるので、断定はできないそうです（参12）。どんな言葉がどんな理由で定着するかは、いまだ謎に包まれていますね。

(2) **『花の子ルンルン』**：1979年 2月から 1980年 2月まで、テレビ朝日系で放送されたテレビアニメ。花の精の血を引く少女ルンルンが「七色の花」を探して旅をする物語。
(3) **飯間浩明**：日本語学者、辞書編纂者。『三省堂国語辞典』編集委員。

四季と日本語

ふかわ：季節と日本語の関係についてもお話ししたいんですけど。「深まる」のは秋だけですよね。「冬が深まる」「夏が深まる」は言わないように、こういうところに「日本語は繊細だけど頑固だな」と感じているんです。

川　添：ああ、ふかわさんのおっしゃる「頑固」というのはそういうところなんですね。

ふかわ：「秋の気配」は言うけど、「夏の気配」は言わない。「夏の扉」はあるけど、「冬の扉」はない。

川　添：たしかに、冬の扉はあんまり開けたくないですね。

ふかわ：オフコース（注1）や松田聖子（注2）の名曲ゆえの先入観があるせいかもしれませんけど。でも、私たちの感覚として、それぞれの季節と言葉の相性というものが強くある気がするんです。

川　添：わかります。たとえば秋って、冬に向かってどんどん沈んでいくイメージがありますよね。「暑い」から「寒い」、「明るい」から「暗い」へ下がっていく感覚。

(1) **オフコース**：小田和正を中心に、1967年から1989年まで活動したバンド。『秋の気配』をはじめ、詩情あふれる歌詞と小田の透明感ある歌声が今も愛されている。
(2) **松田聖子**：「アイドル王国・日本」の象徴ともいえる存在。1980年デビュー。『夏の扉』はサビ前の「フレッシュフレッシュフレッシュ」がまさに夏の扉を開けるが如くの爽快な1曲。

だからこそ「深まる」なのかもしれませんね。
これに対して、冬はすでに底なので、さらに「深まる」要素はないんですよね。
「真夏」「真冬」が言えるのは、それぞれ「てっぺん」と「底」だからでしょうね。秋にはてっぺんも底もないから「真秋」とは言わないんでしょうね。

ふかわ：「秋が深まる」と聞くと、紅葉が広がる光景まで浮かぶんです。季節が深まるって、日本語の表現としてすごく素敵だなと思うんですよね。
深い緑とか山が深いという使い方はありますけど、夏がいくら暑くなっても「深まる」は違和感があるじゃないですか。この頑固さがいいなと思うんです。
春はあたたかい季節への期待感があるからか、「春の足音」という言葉があるわけですけど。とはいえ、春にも扉が似合わない。

川　添：いい季節だけど、春には夏ほどの開放感がないということですかね。

ふかわ：ちなみに、三島由紀夫（注3）の小説には「浅春」という記述がありました。文豪が使っていれば、なんでも正解にしていいものでもないと思いますが、わりと好きです。

川　添：「浅春」かあ。いいですね。春めいてきたけれど、まだ「春が来た」という喜

(3) **三島由紀夫**：小説家、劇作家。ノーベル文学賞候補にもなるなど、海外でも評価が高い。

びにどっぷり浸かるほどでもない、って感じですかね。「早春」とはまた違った趣がありますね。

ふかわ：あと「冬将軍」。これは誰が言い出したのか。ナポレオンですかね？　侵攻するのに寒さにやられて敗北したことを由来とする言葉でしょうか？(注1)なかなかセンスいいですよね。でも、これもやはり、「将軍」は冬にしかつかないなと思うんですよ。夏がどんなに暑くてバテたとしても、夏将軍にはならない。将軍に薄着のイメージはないんですよ。鎧や甲冑で。タンクトップではない。見てみたいですけど。

川　添：タンクトップだったら、将軍というよりも軍曹っぽいですね。

ふかわ：いまやＮＨＫのニュースでも普通に使いますよね、冬将軍。

川　添：『ゲーム・オブ・スローンズ』(注2)という海外ドラマでも「冬来たる」という言葉がキーワードになっているんですけど、なんだかおどろおどろしいんですよね。冬にはそういうイメージもありますね。

ふかわ：春将軍、秋将軍、ないですね。やはり将軍は冬しか合わない。これだけ猛暑が続くと、そのうち「夏軍曹」が現れるかもしれないですけど。

(1) **ナポレオン・ボナパルト**：フランス革命後の国内の混乱を収拾し、第一帝政の皇帝に即位。即位後は欧州諸国との戦争を続け、ヨーロッパ大陸の大半を勢力下に置いた。しかし1812年のロシア侵攻では惨敗。天才軍人と謳われたナポレオンをうち破った激しい寒気は「冬将軍」と呼ばれるようになった。

日本語は繊細なんだけど、どこか揺るがないものを感じて。曖昧ではあるんだけど、ジャケットを羽織ったときのしっくりこない違和感をちゃんと拾えるというか。そういうものが季節の言葉にはあると思うんです。

川　添：たしかに、季節を表す言葉については、妙なこだわりが感じられますね。

ふかわ：日本人は農耕民族だからか、特に季節に関して敏感というか、言葉も影響を受けているのだと思います。

虫の声を聞いたとき、日本人は「秋だなあ」と思う。セミの声で夏を感じたり。そういうのも日本人の特徴ですよね。

川　添：ヨーロッパはそもそもセミがほとんどいないらしいですからね。

ふかわ：あと「うるさいなあ」で終わってしまうというか。季節と結びつけて愛でる感性はないのかなあと。

川　添：季節と結びつきが深いのは日本ならではでしょうね。

季節ではありませんが、朝昼晩で「深まる」のは夜だけですね。あと「更ける」のも夜だけ。

ふかわ：本当ですね！　深夜っていう響きも、深夜番組の高揚感に寄与している気がし

(2)『**ゲーム・オブ・スローンズ**』：アメリカのHBO製作のテレビドラマシリーズ。原作はジョージ・R・R・マーティン著のファンタジー小説『氷と炎の歌』。

ます。

川　添：あと、「下がる」のは、昼だけですね。

ふかわ：昼下がりの情事！（注1）先入観のせいかもしれないけど、「昼上がり」だったら情事はなかったような気がしますね。昼下がりだから、なんとなく気だるいような雰囲気がある。

川　添：正午がてっぺんというイメージがあるんでしょうね。太陽の動きと連動して。あと「午前中」はあるけど、「午後中」はない。頑固な日本語はまだまだありそうです。

ふかわ：ほんとに頑固。融通が利きそうで全く利かない。ちなみに「午前様」って誰が言い出したのでしょう。

川　添：あれはおそらく、「静御前」などのように使われている敬称でしょうね。それを深夜、日付が変わって「午前」になってから酔っ払って帰ってくる人とかけて、使われるようになったのでしょうね。

ふかわ：あ、そこから来ているのか。帰りが遅くなる背徳感と丁寧な表現がミスマッチでいいですよね。

(1)『**昼下がりの情事**』：ゲイリー・クーパー、オードリー・ヘップバーン主演のロマンティック・コメディ。監督は巨匠ビリー・ワイルダー。

川　添：あと「午前様」って呼びかける側の気持ちからすると、「あらあら、こんな遅い時間に帰ってくるなんて、たいそうなご身分だこと」っていう嫌味も入っていると思うんですよね。そういう意味では、「午前様」の「様」は、「何様」の「様」と同じなのかも。

ふかわ：昨今の「子持ち様」的な。スパイス効いてますね。

虹は本当に七色か

ふかわ：あと、季節の言葉と同様に多いのが色。色を見分ける力も外国の方にくらべて高い気がするんです。たとえば虹は、日本人にとっては七色ですけど、世界的に見ると、必ずしもそうとは限らないですよね。

川　添：三色くらいとか、二色の国もあるらしいですね。

ふかわ：そもそも、何色か気にしない国もあるそうです。ちなみに、虹の七色はニュートン（注2）が言ったらしいんですけど、それは音階から来ているようです。

川　添：音楽と科学に共通の法則があると考えられていた時期ですね。ニュートンは近

(2) **アイザック・ニュートン**：イングランドの自然哲学者。万有引力の発見で有名だが、自然哲学以外にも数学、物理学、天文学、神学など、その功績は多岐にわたる。

代の科学と前近代のものとの境目の人なので。

ふかわ：でも、我々には虹は七色に見える気がするじゃないですか。色に対する感度が高いんですよね。

川　添：英語だと「青」は「ブルー」ですけど、日本語だと「青」と「水色」に分かれますよね。ギリシャ語にも「青」と「水色」があるそうですが。

ふかわ：色の細やかな違いにこだわるというのは、価値観として大事にしているということですよね。そこが言葉のニュアンスを大事にしている感性と近いのではないかと思うんです。

川　添：そうですね。わざわざ別個の名前をつけるのには、「青」と「水色」を別のものとして取り出したいという欲求があるんでしょうね。
名前が「青」しかない中でその欲求を満たそうとすると、「濃い青」「薄い青」という言い方になりますけど、「薄い青」と言うよりも「水色」と呼んだほうが概念をさっと取り出せる。
ちなみに、ギリシャ語と英語の話者を比較した実験では、英語を話す人も、色としての「濃い青」と「薄い青」を区別すること自体は問題なくできたそうです。だから、視覚的にそれらの違いが見えていないというわけじゃない。でも認識のスピードでいうと、ギリシャ語を話す人のほうが速かったらしいんです（参13）。つまり、何かに違う名前をつけて区別をしている人たちのほうが、脳がそれらの違いを認識するスピードが速い、ということです。

ふかわ：おもしろいですね。その微妙な違いを大事にする習慣が我々日本人にはあるのかなあと。外国の人が気にするのに、我々が気にしないところももちろんあると思うんですけど。

川　添：そうですね。たとえば韓国語では、「お兄さん」「お姉さん」と言うときに、自分が男か女かで呼び方が変わります。男性から見たお兄さんは「ヒョン」、女性から見たお兄さんは「オッパ」で、区別されるんですね。

ふかわ：そもそも名詞自体に「男性名詞」「女性名詞」がある言語もありますしね。気にするところが文化によって異なるということですよね。日本は四季があって、季節がはっきりしていて、そうした中で生活しているわけで。色は変化だと思うんですよ。季節の変化を細やかに感じている日本人だから、色の違いにも敏感なのだと思うんです。

川　添：そういえば、「木漏れ日」って、他の言語だと対応する単語がないそうです。

ふかわ：わー、いいこと聞いた。どうして区別しないんだろう。木漏れ日って体にいい気がするんですよ。いわゆる直射じゃなく、葉っぱの緑を経て浴びる光は単なるそれとは違う気がします。「komorebi」っていう言葉を輸出したいです。でも、そういう言葉たくさんありそうですね。その国にしかない言葉。

川　添：ありますね。『翻訳できない世界のことば』（参14）という本にたくさん載ってます。「木漏れ日」のことも、その本に載ってました。

ふかわ：北欧にしかない言葉とか。

川　添：ありますね。「ヒュッゲ」でしたっけ、「居心地のいい空間」みたいな。まったりする感じ。

ふかわ：まったり。大学時代に先輩がよくその言葉を使っていました。「まったりしちゃった」って。「まったり」も「エモい」と同じように、独特な湯加減ですね。

川　添：今だと「チルい」と言ったりするのかもしれないけど、外来語だからか、ちょっとスカした印象がありますね。

言葉の優先順位

ふかわ：ほんとに些細なことなんですけど。

美容院で髪を切ってもらって、会計のときに受付で何人か並んでいたので待っていたら、スタッフの方に「順番にお切りしますので、お待ちくださいい」と言われたんですよ。「今、髪を切ったばかりなのにまた切るの？」ととっさに思ったんですけど、スタッフの方は「クレジットカードを切る」という意味でそう言ったようで。

「カードを切る」という言い方が正しいかはおいておいて、美容院という場所で「切る」は髪一択だろうと思うんです。「切る」は髪に捧げないと、秩序が乱れ、治安が悪くなってしまうだろうと。

思わず言いたくなったけど、そんなことを言ったらいよいよ危ないおじさんになってしまうと思って、こらえました。結果、こうしていろんなところで報告しているわけですけど。そしたら、なんと大変な情報が入ってきたのです。

川　添：大変な情報？

ふかわ：はい。というのは、歯医者さんでは「抜歯」も「抜糸」も両方、「ばっし」なので、混同を避けるためになんと「抜糸」は「ばついと」と言っているそうなんですよ。「ばっし」は歯に捧げているんです。たまたまそこの歯医者がということでもなさそうで、歯科業界の常識のようなんです。

川　添：そういうふうに、業界ごとに言葉の優先順位があるのもおもしろいなあと思うんですよね。同音異義語があるから起こるんでしょうけど。

ふかわ：科学と化学（ばけがく）とか、市立と私立（わたくしりつ）もありますね。市立は「いちりつ」と言ったりもしますけど。

川　添：そう！　おもしろいのが、敗北したほうがまああいい響きをしているということ。「ばけがく」っていいですよね。「ばついと」も。なんか、舗装されていないオフロード感があるんです！

ふかわ：敗北したほうのオフロード感、わかります！　最近知ったんですけど、たまに高校の略称で「○○高《こう》」じゃなくて、「○○高《たか》」って読むのがあるんですよね。

たとえば熊本高校の略称「熊高」って、「くまこう」じゃなくて「くまたか」なんですけど、それは同じ県にある「熊本工業高校」の「熊工」と区別するために、「くまたか」読みになっているそうです。「くまたか」も熊と鷹みたいで、なかなか強そうです（笑）。

ふかわ：焼酎にもありそうです。

川　添：熊本の居酒屋さんに置いてありそうですし、馬刺しにも合いそうですね。また、ちょっと意味合いが違うかもしれませんけど、ロックバンドのX（注1）も、アメリカ進出するにあたって、すでにアメリカにXというバンドがいたから、X　JAPANになったんですよね。つまり、先人に遠慮して名前にJAPANをつけたわけですけど、結果として「日本代表感」が出たのがおもしろいなあと思います。

ふかわ：Xかあ。Xといえば、Twitter もXになりましたけど。あれは名称変更についていけないんじゃなくて、アルファベットのひとつを独占されてたまるかっていう心理的な抗いがありました。

川　添：わかります。私もXと言うのに抵抗があって、いまだに Twitter って言っちゃ

(1) X JAPAN：YOSHIKI とTOSHIを中心に結成されたヴィジュアル系ロックバンド。1989年、メジャーデビュー。1997年に解散するも、2007年、再結成。世界進出を果たす。

います。どんなに有力な人が「こうだ」といっても、大衆が共感しなければ流行らないという一例かなと思います。

忖度の悲哀

ふかわ：心配していることがあるんですけど。今ね、忖度が悲嘆にくれているんですよ。何度か彼と飲みに行ったことがあるんですけど、やっぱり思い悩んでいて……。

川　添：忖度さんがですか？（笑）

ふかわ：ええ。皆の自分を見る目が変わってしまった。昔はこんなふうに冷たい目を向けられていなかったと悩みを吐露していたので、どうしたものかと。

川　添：言葉のニュアンスが変わってしまうことはありますよね。いいほうにも、悪いほうにも。

ふかわ：忖度というのはもともと悪い言葉ではなかったでしょう。相手の気持ちを推し量ったり、慮ったり、日本人の美徳のようなことを指していたと思うんです。

川　添：それが見事に逆転しましたね。自分よりも立場が上の人の気持ちを推測して行動するというような。

ふかわ：そのあたりならまだ彼も我慢できたと思うんですけど、権力におもねるというか、媚びへつらうというか、「過剰な気遣い」になってしまっているところもあって。日本は、忖度が一切NGな国になってしまったじゃないですか。これは元に戻ることはできるんですか？

川　添：難しいと思いますね。悪くなる言葉は特に。

ふかわ：やはり、そうですか……。次、彼に会うのがつらいです。

川　添：典型的なのが敬語で。たとえば「お前」とか「貴様」はもともと高貴な人に対して使う言葉だったんですけど、それがどんどん地位が下がってきて、今では乱暴な言葉になっているという。

ふかわ：どうして、そういうことになるんですか？

川　添：敬語の場合は、使われているうちに、だんだん敬意がすり減ってくるそうです。

ふかわ：敬意がすり減る！　長い年月を経て、意味合いが変わってくるのも興味深いです。けど、忖度に関してはあの一件（注1）だけでなんですよ。一夜にしてひっくり返ったんです。

(1) **あの一件**：2017年、安倍晋三政権下で表面化した森友学園・加計学園問題。事実が追及される中、官僚による安倍政権への必要以上の配慮が浮き彫りとなった。それは「忖度」と称され、「安倍一強」による弊害とされた。

川　添：それはめずらしいケースかもしれませんね。

ふかわ：あの一連の騒動の象徴的な言葉にされてしまったんですよね。一夜にして、「忖度なしでお願いします」と使われるような、悪い言葉になってしまったんです。

川　添：忖度はもともとあまりメジャーじゃない言葉だったから、余計に影響を受けたのかもしれませんね。一気に、そっち側に持っていかれた。初めてスポットライトを浴びたのがあの事件だったという。流れ弾にいきなり当たったかのような不運ですね。

ふかわ：流れ弾かあ。かわいそうだなあ。ただ、悪名は無名に勝るというのか、今や彼はメジャーな言葉になりましたね。生き残るには、変化を拒まないほうがいいのかもしれません。

川　添：そうですね。一度ついちゃったイメージはどうしようもないですけど、生き残ってさえいれば、将来いい意味に変わる可能性も全くないわけではないので。これからの「忖度」にも注目していきたいですね。

「こだわり」はもともとネガティブ

ふかわ：テレビを見ていて、いちいち誤用をあげつらって悦に入る気はないんですけど。ただ「うがった見方」の使い方がどうしても気になって。というのも、僕は「雨だれ岩をうがつ」ということわざが好き過ぎて、『好きなことわざTOP40』に常にランクインしています。「うがった」というのは本来、まっすぐなものなんですよ。なのに「曲がった」と音が似ているからか、斜《はす》に見るような、クセのある感じに使われていて。そうすると、「雨だれ岩をうがつ」が矛盾してきちゃうんです。それを防ぐため、僕はことあるごとにこうして矯正しているんですけど、「うがった見方」は誤用の勢力のほうが強いです。あと「色眼鏡」なども。

川　添：なるほど、たしかに、いつのまにか言葉に変なクセがついてしまうケースは多いですよね。でもその一方で、もともと悪い言葉がいい言葉になった例もあるにはあります。「こだわり」とか。

ふかわ：え！　こだわりって悪い意味だったんですか？

川　添：もともとは、必要以上に気にするとか、執着するとか、ネガティブな言葉だったんですけど、今は同じ執着でも「ポジティブな執着」になっていますよね。「このお店のこだわりは何ですか？」とか、普通に言いますし。あと、「ヤバい」も、悪いほうから良いほうになった例ですね。

ふかわ：犯罪系の用語でしたっけ？

川　添：矢場という、射的場から来ているという説があります。矢が飛んでくるから危ない、ということですね。

ふかわ：「矢場い」なんですね。「エモい」と一緒でしょうか。

川　添：名詞に「い」がついて形容詞になるグループですね。

ふかわ：危険な意味の「ヤバい」から、今はいい意味でも使いますよね。

川　添：褒め言葉にも使われるし、「最高」という意味合いも出てきましたよね。

ふかわ：それってどういう経緯を経て、変わっていくんでしょう？

川　添：たぶんですけど、誰かが自虐とか皮肉のつもりで「いい意味」で使ったら意外としっくりきて、浸透していったんじゃないかと思うんです。「こだわり」も、誰かが「異常なほど追求したんですよ」という意味合いで、ちょっと自虐的な感じで「良さ」をアピールしたら、それが成功して、多くの人に使われ始めたのかも。

ふかわ：「煮詰まる」は、本来はいい意味なんですよね？

川　添：そうですね。「議論がいい感じに進んで、結論が出るところまで来た」みたいな。

ふかわ：だけど「詰まる」が、「パイプが詰まる」みたいにネガティブなものを連想させちゃうから。煮詰まるに関しては「それは、お前にも非があるよ」と言いたいです。でも、そうか、「つまるところは」の「つまる」なんですよね。

川　添：たしかに、「つまるところ」の「つまる」も、いい意味の「つまる」ですね。

ふかわ：ら抜き言葉（注1）もよく俎上《そじょう》に載りますけど、言葉は生き物だから変化していっても間違いではないということなんでしょうか？

川　添：そうですね。実際、新しい用法でも多くの人が使い始めて、大勢に通じるようになったら、もうそれは定着したということになります。たとえ、それが本来の意味とは真逆であっても、それはありなんですよね。

ふかわ：そうなんだ。一方、むしろ正しい使い方をしているほうが誤解されそうで使え

(1) **ら抜き言葉**：本来「食べられる」「見られる」「来られる」と言うところ、近年「食べれる」「見れる」「来れる」といったように「ら」を抜いて話されることが増えている。

ないケースもありますよね。

川　添：ありますね。言葉に関しては、日々移ろいゆくというか。たとえば「全然大丈夫」とか「全然オッケー」といった言い方について、「全然」は本来「ない」と一緒に使わないとダメなんだから、そういう日本語はおかしい、と言う人もいます。でも、ひと昔前は「ない」を伴わない「全然」が普通に使われていたんですよね。夏目漱石（注1）の小説にも「ない」を伴わない「全然」が出てくるそうです（参15）。

ふかわ：夏目漱石が使っていたと言われると、ぐうの音も出なくなりますが、夏目漱石が間違えていたということにはならないのでしょうか。

川　添：それはないでしょうね。もともと「全然」は「すべて」とか「まるごと」、「すっかり」みたいな意味だったそうなので。それが「ちっとも」「何にも」みたいな否定の意味で使われるようになったのは、明治の後半を過ぎてからだそうです（参16）。

(1) **夏目漱石**：小説家。明治末期から活躍し、それ以前の「～候」といった文体ではない、話し言葉と同じ「言文一致」の現代書き言葉を用いて小説を書いた。

連帯意識が生み出す若者言葉

ふかわ：「エモい」にしろ、「チルい」にしろ、若者から言葉が生まれてくるのはどうしてなんでしょう？

川　添：ひとつは「仲間内の言葉」ということがありますね。自分たちを上の世代と区別したいという意識があるんでしょうね。

ふかわ：区別したいのか。さらに、連帯意識もある。

川　添：そうです。「これを使っていたら仲間だよね」という。

ふかわ：「そのバッグかわいいね。私も買っていい？」という感覚で、友達が使っている言葉とおそろいにしていく。一方で、トレンドに敏感だから、すぐに廃《すた》れ、死語になる。

川　添：大人が若者言葉を認識した頃には、もう若者はそれを使っていないですよね。

ふかわ：そういう壁を乗り越えて、スタンダードになっていく言葉はすごいですね。

川　添：「エモい」も、「ヤバい」も、それ以外の言葉では表現し得ないニュアンスを持っていますよね。あと「ダサい」も。相棒だった「ナウい」は消えてしまったけれど、「ダサい」が今も生き残っているのはそういうことなのかな、と思います。

ふかわ：「ダサい」は最近もよく耳にしますね。ただ、以前のようなビジュアルのそれではなく、今は、生き方としての「ダサい」。

そういう意味でも、昨今、傾向が変わってきているように思うんですよ。ひと昔前は「ヤマンバギャル」とか「アキバ系」とか、ビジュアルでカテゴライズされることが多かったように思うんですが、最近は「港区女子」みたいに、スタイルを指している気がします。

川　添：今の時代が、外見だけでなく内面にも目を向けているのかもしれませんね。

ふかわ：そもそも「ダサい」って、「田舎」を「だしゃ」と読んだことから来ているという説が僕は好きなんですけど。

川　添：それ、おもしろい説ですよね。でも、辞書編纂者の飯間浩明さん（P83参照）によれば、「田舎」を「ダシャ」と読むのは普通ではない上、「ダシャい」の実例も見当たらないので信頼に足る説ではないそうです（参17）。たしかに、先に「ダシャ」単独で結構広まってないと、それに「い」をつけて形容詞にしようという発想にはならなそうですよね。

「ダサい」の語源については、他にも多くの説がありますが、どれが正しいのか特定できないというのが現状です。よく使われる言葉なのに、出どころがわからないというのはミステリアスですよね。

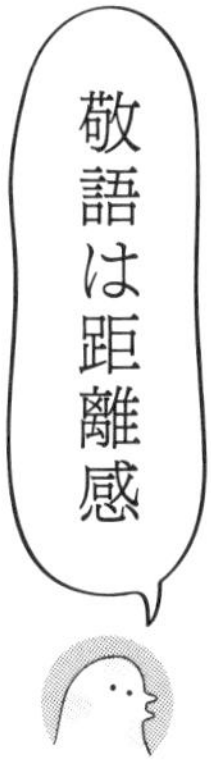

ふかわ：日本語は相手との距離感をうまく使い分けているなあという印象があるのですが。敬語があるのって、日本人が人との距離感を大事にしているからなんでしょうか。

川　添：そうだと思います。距離感、重要です。

ふかわ：この「距離感」のように、やがては「ギャラ感」も自然に使われるのでしょうか。すみません、今、敏感になっているので。

私の知り合いが外資系の会社に勤めているんですけど、そこで「上下関係なしで、話すときもタメ語で」と言われたらしいんです。でも、やはりつい敬語が出ちゃうらしいんですね。目上の人にタメ口がしんどいくらい、我々は距離感を言葉で表している。だから切り離せないんですよね。

川　添：皆にタメ口で話すって、日本人には難しいでしょうね。

ふかわ：敬語って尊敬だけでなく、「これ以上、距離を詰めないでくださいね」というニュアンスでも使えるじゃないですか。自分を守る用途としても使えるんですよね。

川　添：恋人同士とかでも、距離を取りたいときは敬語にしたりしますしね。夫婦でも、喧嘩したときは「実家に帰らせていただきます！」って言ったり。

ふかわ：あはは！　たしかに！　仲良くなった後に、逆にスパイスで敬語を使うとか。スパイス敬語もありますよね。

川　添：関係のマンネリ化を防ぐ、いいアクセントになりそうですね。

ふかわ：叫ぶ詩人の会（注1）に、歌詞がほとんど呼び名しかない曲があるんです。『始まりと終わりの物語』という曲で、ヨシエさんから始まって、ヨシエちゃん、ヨシエ。最後は「ヨシエ〜、ありがと〜」で終わるんですけど。呼び方だけで恋愛の始まりから終わりまでを描いているんです。このグラデーションは日本

(1) **叫ぶ詩人の会**：ドリアン助川を中心とするロックバンド。1990年結成。ロック調のバンドサウンドに乗せて、ポエトリーリーディングを絶叫するというスタイルで人気に。1999年に無期限活動休止。

人の言葉と距離感を見事に表現していて。

こういうことがアルファベットの国でできるんでしょうか。きっとできないと、私は優越感に浸りたいのですが。

川　添：英語だと、日本語と同じような呼び方のバリエーションはそんなにないかもしれませんね。ラストネームに「Mr.」とか「Sir」をつけて呼ぶか、ファーストネームで呼ぶか、あだ名で呼ぶか、ぐらいですかね。

ふかわ：彼らは「ナンシー」のイントネーションで表現できるのかもしれない。

川　添：たしかに、同じ名前を呼ぶのでも、発音の仕方や呼ぶときの表情などで細かくバリエーションを持たせていそうですね。

そういえば英語の名前って、あだ名が豊富ですよね。「ウィリアム」という名前が「ビル」とか「ビリー」、「ウィル」「リアム」になったり。もしかしたら、日本語の「さん」「ちゃん」「くん」みたいな言葉の種類が少ないのを、あだ名のバリエーションで補っているのかも。

ふかわ：「ロバート」が「ボブ」になるのもまあ不思議なんですけど。ボサノバの神様アントニオ・カルロス・ジョビンなんか、「トム・ジョビン」になってしまう。アメージングです。

一人称がキャラを決める

川　添：一人称でいうと、日本語は「私」「僕」「俺」「ワシ」など数えきれないほどありますよね。それにくらべて、英語は「I」一択ですからね。日本人はそれこそ相手との関係性に応じて、一人称も使い分けますよね。

ふかわ：本当にそう思います。それに細かなニュアンスが乗ってきますよね。「ワタシ」と「アタシ」でも、印象が変わる。その人物のキャラクターが一変するでしょう。一人称の変化って時代性があるんでしょうか。今、「拙者」や「余」を使うと、笑かしにかかっている印象でしょう。個人的には「俺」と「僕」の中間があったらいいのにって思うことがよくあります。

川　添：たしかに、「俺」ほどカジュアル過ぎず、「僕」ほどソフト過ぎず、ちょうど中間くらいの言葉があったら便利でしょうね。「オレ」は、江戸時代前期ぐらいまでは、男女ともに普通に使っていたらしいですね。

ふかわ：えー、女性も「オレ」だったんですか。いつから言わなくなったんでしょう。

川　添：最近読んだ論文（参18）に、江戸時代に一般の町人が相手を罵倒するときに「オレ」を多用するようになって、それを見た女性たちが「オレ」を使うのを避けるようになった、という説が書いてありました。
あとは明治時代に、西洋にならって変えていった例もありますね。

ふかわ：本来の日本ではなく、西洋の型にはめられた、という部分があるのかもしれませんね。
今は女性らしさ、男性らしさなんて軽く言えない時代ですけど、女性も「オレ」と言っていたというのは新鮮です。「私は男っぽい」というアピールをするために「オレ」と言っていたわけじゃないですよね。

川　添：江戸時代前期までは、普通の一人称としての「オレ」だったみたいですね。

ふかわ：相手とか状況によって一人称を使い分けるというところも、日本語の繊細さと無関係ではないような気がします。『ドラゴンボール』（注1）も「オッス、俺、悟空」だと少し世界観変わりますね。

川　添：変わりますね。悟空が急にゴツくなったような感じがします（笑）。

(1)『**ドラゴンボール**』：世界中で愛される大人気漫画。作者は鳥山明。「オッス、オラ、悟空」が主人公・孫悟空のお決まりの挨拶。

そういえば昔、アメリカに留学したときに、テレビで三十代の男性が主人公のコメディを見ていて、すごくおもしろかったんです。でも、帰国してから日本でその吹替版を見たら、主人公が自分のことを「ボク」と言っていて、すごく違和感がありました。

英語だと一人称は老若男女問わず「I」で、バリエーションはありませんが、その「I」じゃないと表現できないことがあるんだな、と初めて思ったんですよ。そのコメディの主人公に関していえば、「ボク」だと急に子供っぽいような気がするし、かといって、「オレ」でもないんですよね。やっぱり「I」なんですよ。

ふかわ：訳者も悩んだのかな。「I」は、受け止め方は自由という懐の深さがあるんですね。なるほど。一択にすることで、むしろ自由を与える。日本語だと、「オレ」か「ボク」かでキャラクターが決められちゃうところがありますよね。

川　添：決まりますね。その時点で、もう型にはまっちゃうみたいな。

ふかわ：名前も、今は「子」がつくのは女性だけど、昔は小野妹子（注1）みたいに男性

(1) **小野妹子**：飛鳥時代の官人。遣隋使として教科書でおなじみ。聖徳太子が書いたとされる「日出処天子」で始まる推古天皇の国書を携え、大使として隋に派遣された。

で「子」がついていたり。それに違和感を感じるのは、現代人だからなんですかね？

川　添：妹子についてはよくわかりませんが、たしか、女性の名前で「子」が流行ったのは明治以降で、もともと高貴な人しか「子」は使えなかったみたいですね。

ふかわ：おもしろいのは、一度「子がつくのは女の子」というイメージができてしまうと、男で子をつけにくくなる。それだけ私たちはイメージに縛られているということですね。

川　添：言葉にはイメージが染み付いてしまいますよね。

ふかわ：最近は、耳にしただけでは男性か女性かわからない名前が増えましたが、それも時代を反映しているのでしょうね。

第三章

なぜ、口にしたくなる言葉があるのか

言葉は意思に反して出る

ふかわ：言語の起源について思案しましたけど、そもそも人類のルーツはアフリカなんですか？

川　添：私は専門じゃないですけど、それはほぼほぼ定説になっているみたいですね。

ふかわ：ほぼほぼ……。

川　添：言ってしまいました（笑）。これも最近はよく耳にしますね。

ふかわ：川添さんの「ほぼほぼ」は貴重です。平安時代には絶対に使っていなかったであろう言い回しですよね。ここ十年くらいですか。「あくびはうつる」って言いますけど、それ以上に言葉はうつりますね。

川　添：初めて聞いたときは「えっ」と思って、「私は絶対使わない」と思うんだけど、気がついたらいつのまにか使っている言葉ってありますよね。私にとっては、「エモい」も「キモい」もそうですね。

ふかわ：川添さんが「キモい」って言うのは、また違った趣があり、味わい深いです。

僕も、「ディスる」とかって、あまり使いたくないんですけど、テレビとかで間が重要なときにインパクトもあるし、使い勝手がいいから使ってしまうんですよね。後で後悔するんですけど。

川　添：後悔するというのが、ふかわさんっぽいです。

ふかわ：後悔ばかりですよ。以前、TikTokの番組のMCをしたときのことなんですけど。本番前にディレクターさんに「彼らをティックトッカーと呼ばないでください。クリエイターと呼んでください」って言われたんです。それまで生きてきて「ティックトッカー」なんて口にしたこともなかったのに、本番で「では、次のティックトッカーは」って言っちゃって。そもそも僕の中にはなかった言葉をわざわざディレクターが入れるから。「言わないでください」と念を押されたことによって出ちゃったんですよね。「聞く」って怖いですよね。体の中に入ってくるんですもんね。

川　添：聞くことでいつのまにか「自分の辞書」に入ってしまうんでしょうね。私はずっと、「お仕事は何をやられているんですか？」と言うときの尊敬語の「やられる」に違和感があって、自分では使わないようにしようと思っていたんですが、この前、無意識に「やられる」を使っちゃったんですよね。結構ショックでした（笑）。

ふかわ：きっと、川添さんと同じような心境で使っている人も多いのでしょうね、世の中には。それで結局、言いやすいものが残っていく。伝播《でんぱ》って怖い。

優秀なアタッチメント

ふかわ：「エモい」とか「キモい」とか、新しい言葉には語尾に「い」をつけるものが多いと思うんです。「い」は優秀ですよね。アタッチメントとしての「い」は昔から使われていたんでしょうか。

川　添：そうですね。「青い」とか「赤い」の「い」も、「青」や「赤」という色の名前に「い」がついたものです。

ふかわ：なるほど。そういうことですか。しかも、言いやすい。

川　添：あと、優秀なアタッチメントとしては「つく」もありますね。「イラつく」「ニヤつく」とか、最近だと「オラつく」とか。

ふかわ：「つく」、結構ありますね。

川　添：あと、私がすごいと思っているのは「る」ですね。

ふかわ：ああ、「タピる」とか。

川　添：「キョドる」とか。「つく」が「イライラ」「ニヤニヤ」といったオノマトペにくっつくのに対して、「る」は「タピオカ」「挙動不審」など、名詞にもつくことができる。多様な言葉を動詞化するんですね。

ふかわ：「キョドる」はかなり端折《はしょ》っているのに伝わるのも不思議です。「キョド」がめずらしいのでしょうね。「（東京の）経堂に集まる」を「キョドる」って言わないですし。

川　添：それはちょっと使ってみたいかも（笑）。あと、おもしろいことに「る」をつけてできた新しい言葉って、必ず五段活用になるっていう法則があるんですよ！（参19）

ふかわ：五段活用？

川　添：はい。タピらない、タピります、タピるとき、タピれば、タピろう。「タ

五段活用		上一段活用	下一段活用
走る	タピる	見る	出る
走らない	タピらない	見ない	出ない
走ります	タピります	見ます	出ます
走るとき	タピるとき	見るとき	出るとき
走れば	タピれば	見れば	出れば
走ろう	タピろう	見よう	出よう

ピない」「タピます」みたいな上一段活用ではなくて、五段活用に則《のっと》っているんです。

ふかわ：ああ、なんか懐かしい。そうやって考えると、「タピる」がすごい言葉に思えてきますね。もはや死語かもしれませんが。でも、そうやって生まれて、今スタンダードになっているものもあるということですよね。

川　添：「サボる」とか。

ふかわ：サボる、「サボタージュ」からか！　最高ですね！　焼酎おかわり！

川　添：本家のサボタージュは、もはや知らない世代のほうが多いかもしれませんよね。でも、「サボる」は残っている。

ふかわ：「写メる」もありますね。「写メール」自体は言わなくなってしまいましたけど、「写メ」はギリギリ残っている。風前の灯ですけど。

川　添：「メモる」も言いますね。最近の若者はメモしないで、スマホで撮影して済ませることが多いみたいですけど、「メモる」は残りますかね。

ふかわ：そういえば、三島由紀夫の小説に、「時雨《しぐれ》る」「雪崩《なだれ》る」という表現がありました。これは一般用語かなと思ったんですけど、「メモる」はもう広辞苑に載っていますよね。

川　添：調べたことはないですけど、たぶん載っているでしょうね。もう皆、普通に使っていますもんね。

ふかわ：三島由紀夫で思い出した。僕が好きなリフレインの言い回し。

川　添：お寺お寺、みたいな。

ふかわ：そうです。ユッキー（三島由紀夫）の作品で「娘娘している」という表現があったんですよ。これ読み方が「むすめむすめしている」で合っているのかわからないんですけど。

川　添：どういう意味で使っているんだろう、初々しいとか、そういうことですか？

ふかわ：ですかね。こういう言い回しも以前からあったんだなと。

あ、あとこれはもう使われなくなってしまったけど、懐かしい言葉も思い出しました。「ダべる」。

川　添：ダべる！　ありましたねー。「まったり」ともつながりますね。

ふかわ：ファミレスカルチャーでよく耳にした言葉ですよね。何をするともなく、ファミレスに集まって。食べながら、だらだらと夜中まで過ごしたり。「ヒュッゲ」

に近いものも感じます。いい時代でしたねえ。

略語はマーケティング？

川　添：私は常々、ふかわさんのネタは言語学的にすごく練られて作られているなあと思っていたんですが、こうして言語についてお話しさせてもらって、ものすごく腑に落ちたんです。これほど、言語について深く考えていらっしゃるからこそのネタなんだろうと思いました。

ふかわ：ライブでウケるよりも嬉しいお言葉！　たしかに、言葉に関してはものすごく考えて作っていますね。語尾とか、ひとつひとつ。

川　添：すごく、こだわりをお持ちだなあと。……あの、「腑に落ちた」とか「こだわり」とか、話題にのぼった言葉が出てくるとなんだかおもしろいですね。で、これから、ふかわさんのネタや著書の中で、言語学的に気になった点をお話しさせていただければと思います。

ふかわ：光栄です！　言語学者とそういう話をするなんて。それこそ、コントのワンシーンのようです。

川　添：コントですか（笑）。ふかわさんは著書の中（参20）で、三軒茶屋や二子玉川を略したことがないとおっしゃっていますよね。皆、深く考えずに「三茶」「二子玉」と言っていますが、それに抵抗があると言っていらして、やはり発する言葉にこだわりがあるのだなあと。

ふかわ：恥ずかしながら、おっしゃる通りです。

川　添：また、長い地名なのにもかかわらず、「祖師ヶ谷大蔵を略す人はいない」という指摘に、はっとしました。今まで気づきませんでした。

ふかわ：清澄白河、小竹向原もです。

そもそも言葉を簡単に略すことに抵抗があるんです。馴染みがあって、何度も言うから略すようになるのはわかるんですけど、世に出た言葉をすぐに略す人がいるでしょう。なんかデリカシーがないなって。それで引っかかっちゃうんですよ。

この前、何気ない話をしているときに「あの人はフッカルだから」と言われたんです。なんだと思います？

川　添：フットワークが軽い？

ふかわ：そうなんです。この時点で、僕の中では二段階で引っかかっているんですよ。まずは「フットワークが軽い」を「フッカル」と縮める人に対する「それ、略すんだ？」という思いと、略した言葉が伝わるかどうかを気にせず発するマーケティング不足に対する危惧と。こういう人たちって一定数いて。

川　添：いますねー。

ふかわ：うらやましくもあるんですけど、私はいちいち伝わるかなって気にしてしまうので。

知り合いで、株に詳しい人が株専門のテレビ番組に出たときにプロデューサーに「専門用語をそんなに使うな。皆が知っているわけじゃない」と注意されたそうなんです。そういうことですよね。気にせずに使う人って、他の部分できっと美点があるんだと思うんですけど。

世の中、強く渡っていける人間は「フッカル」って言えちゃう人間。実際、「フッカル」って言える人こそ「フッカル」だと思います。

川　添：略語に関しては、略すことで隠語化する傾向はありますね。その業界ならではの隠語というか。

そういえば、ジョージ・オーウェル（注1）が小説『一九八四年』（参21）の付録で「全体主義の国は略語を多用する傾向がある」と書いていました。「ナチ」とか「コミンテルン」とかも、もとは「国民社会主義ドイツ労働者党」「共産主義者インターナショナル」ですよね。

オーウェルは、「『コミンテルン』はほとんど何も考えずに口にできる語であり、一方、『共産主義者インターナショナル』は、口に出す前に少なくとも一瞬、何がしか考えざるを得ない語句である」と言ってます。口に出すときに何も考えなくてよかったら、どんどん口に出しちゃいますよね。

そうやっているうちに、「存在して当たり前」という意識も出てくるし、親しみすら湧いてきてしまうかもしれない。

ふかわ：そう、略すって愛着なんですよね。お馴染み感。それを政治などに利用されるとしたら、怖いですね。

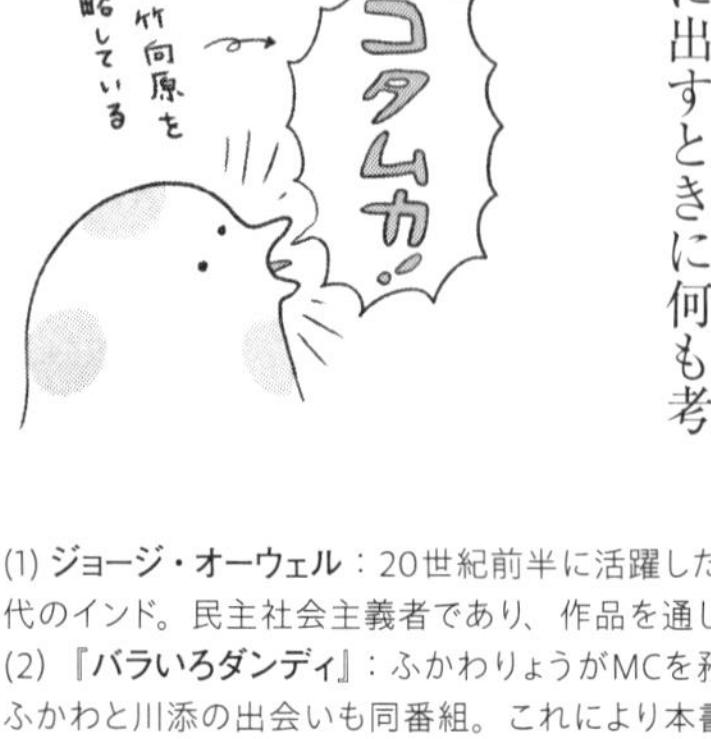

(1) **ジョージ・オーウェル**：20世紀前半に活躍したイギリスの作家。生まれはイギリス植民地時代のインド。民主社会主義者であり、作品を通じて全体主義国家を痛烈に批判した。
(2) **『バラいろダンディ』**：ふかわりょうがMCを務めるTOKYO MXのニュースバラエティ番組。ふかわと川添の出会いも同番組。これにより本書につながることとなった。2024年秋、終了。

日本人は四拍子がお好き

ふかわ：略すとき、日本人は四文字が好きだなと思うんですけど、それはなんでしょうね？

川　添：日本語は二文字が一単位という傾向があるんです。ふかわさんの番組の『バラいろダンディ』(注2)を略すときには、「バラいろ」と「ダンディ」のそれぞれから二文字をとって「バラダン」としますよね。こんなふうに、二文字の単位を二つ並べるのが、日本語的には収まりがいいんです。木村拓哉さん(注3)を「キムタク」と略したり、『ドラゴンクエスト』(注4)を「ドラクエ」と略したりするのも同じですね。

ふかわ：リズム的に気持ちがいいということですか？

川　添：そうです。そういえば、ふかわさんが著書で、「三三七拍子は四拍子」だということを誰も信じてくれない、と嘆いていらっしゃいましたよね(参22)。この指摘は本当に秀逸ですよね。

(3) **木村拓哉**：1990年代からの日本の国民的俳優。50代に突入した今なおアイドル。

(4) **『ドラゴンクエスト』**：大人気コンピュータRPGシリーズ。第一作は1986年に発売され、現在、最新作『ドラゴンクエストXII　選ばれし運命の炎』が発表されている。その他、派生商品など多数。

ふかわ：三三七拍子は正確には「四拍子で二小節」です。

川　添：そうですね。さっき、「二文字で一単位」と言いましたけど、日本語ではそれを四つ分並べて四拍子にすることが多いし、実際にそれを口にするのが気持ちいいみたいです。

二文字を一単位にして四拍子にすると、一小節に最大で八文字入ることになりますけど、七字とか五字だといい具合に間が空くんです。俳句や短歌の七五調はそこから来ているみたいです。

ふかわ：七五調も四拍子ですもんね。合うんでしょうね。

川　添：日本人が好むリズムなんでしょうね。言語学者の窪薗晴夫先生（注1）のインタビュー記事（参23）を読んでいたら、日本人の感性には、ワルツのような三拍子よりも、四拍子や二拍子が合っているという話がありました。日本人はもともと農耕民族だから、田植えや稲刈りのときに「右、左、右、左」と手足を動かすような単調なリズムに親しんできたそうです。

ふかわ：やはり、そこですか！　やっぱり農耕民族と狩猟民族とで言語のリズムが異なるわけですよね。日本人のこれまでの営みが作ったリズム。手拍子もオンビー

(1) **窪薗晴夫**：言語学者。国立国語研究所名誉教授。専門は音声学、音韻論。

トですし、リズムの取り方が裏と表で違いますよね。

僕が思うに、日本人は歌うことが大事で、欧米の人は踊ることが大事。踊れるかどうかって、日本人はあんまり重要じゃないですよね。今の若い人はTikTokで踊ったりするけど、あれはフリをかぶせているだけで。欧米の人たちは自然に音に乗るというか、そういうＤＮＡが継承されている気がするんです。

三の魔法

川　添：それにしても、ふかわさんはよく「三三七拍子」の「三」や「七」に惑わされることなく、「日本人の四拍子好き」を見抜かれましたね。それを周囲の人が誰も信じないというのは気の毒です。

ふかわ：クレーマーと思われています。味方が誰もいない。いつも孤軍奮闘です。本にも書きましたけど、日本人は三が好きですよね。「ひつまぶしの三段階」(注2)とか。

(2)**「ひつまぶしの三段階」**：名古屋名物鰻のひつまぶしの食べ方として、①そのまま食べる。②薬味とともに食べる。③出汁を入れて、お茶漬けとして食べる。という三段階の食べ方が推奨されている。

でも日本人だけでなく、人間は三が好きな生き物なんだと思うんです。これは、説明も難しければ理解もされないんですけど、「人民の人民による人民のための政治」（注1）。リンカーンの言葉で「government of the people, by the people, for the people」。

これ、僕の理屈では「of」はいらないんですよ。

そう言うと、「of は所有、by は手段、for は目的」と言ってくる人がいるんですけど、そんなことは承知の上で主張しているんです。

所有とはどういう意味なんですか？ government を by すること、for することで十分なんじゃないですか。of は、by と for のことであって、of the people はもはやリズム要員なだけで、意味を成していないって、ずーっと言っているんです。味方は誰もいませんけど。

これは「三の魔法にかかっているんだよ」と言いたいんですよ。リズムがいいから、by と for だけでいいところを of もつけて、三つにしたんです。

いつかリンカーンに会ったら、「あれ、of はいらないよ」と言いたいですね。

川添：たしかに、リズム重視だったかもしれませんね。大事な演説ですし。

(1)「**人民の人民による人民のための政治**」：第16代アメリカ合衆国大統領、エイブラハム・リンカーンが1863年に行った『ゲティスバーグ演説』の中の有名な一節。

ふかわ：リズムが理屈を凌駕するんだと思います。ここで話せて、ちょっとすっきりしました。

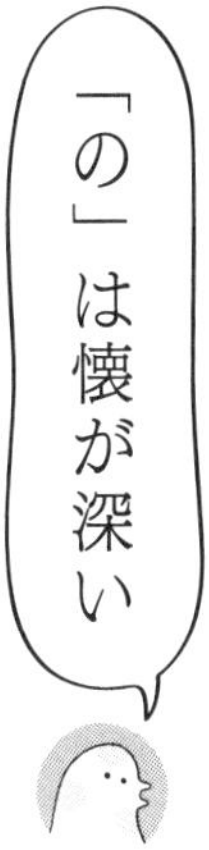

ふかわ：ofもそうですけど、日本語の「の」はすごく意味が広いと思うんです。

川　添：広いですね。「雨の公園」とは言えるけど、英語で「park of rain」とか「rain's park」とかは言えない。「park in the rain」になります（参24）。

ふかわ：「の」が主格になる場合もありますよね。

川　添：「私が好きな人」のような表現を「私の好きな人」と言い換えることもできます。つまり、「が」と交代することがあるんですね。

ふかわ：万能ですね。

川　添：そういう意味では、英語のbyもforも、日本語では「の」で表せてしまうんですよね。

ふかわ：日本人は「の」が好きって言いますよね。だからジブリ映画のタイトルは「の」

が多い。

川　添：あれって、全部の「の」の意味が違いますよね。『風の谷のナウシカ』（注1）は風の谷に住んでいるナウシカ。『魔女の宅急便』（注2）は魔女が営む宅急便。『千と千尋の神隠し』（注3）は千と千尋があった神隠し。

ふかわ：たしかに。「の」がそんなにさまざまな役割を持っているなんて。それを我々が無意識に使い分けているのもすごい。この「の」は「こと」の役割ですね。また、「の」が柔らかいから休憩できるんですよね。息継ぎというか。「千と千尋の、神隠し」って。

川　添：「好きに解釈していいよ」という懐の深さを感じますね。桑田佳祐さん（注4）も上手に「の」を使いますよね。「胸騒ぎの腰つき」とか。これはどういう「の」かよくわからないんですけど。

ふかわ：「の」って、文法的にアウトになりにくいですよね。それで想像の幅を広げる。「胸騒ぎの腰つき」なんて、英語にすると陳腐になってしまう恐れがありますよ。また桑田さんのすごいのは、その短いワンフレーズに「胸」と「腰」という体の部位を二つも入れるところ。

(1) **『風の谷のナウシカ』**：スタジオジブリの第一作長編アニメーション。1984年公開。
(2) **『魔女の宅急便』**：スタジオジブリ作品。1989年公開。
(3) **『千と千尋の神隠し』**：スタジオジブリ作品。2001年公開。
(4) **桑田佳祐**：ロックバンド・サザンオールスターズのボーカル、ギター。作詞・作曲を主に担当。1978年、『勝手にシンドバッド』でメジャーデビュー。「胸騒ぎの腰つき」は同曲の歌詞。

川　添：どちらも刺激的ですしね。

ふかわ：それでいて重複感がないんですよね。

偉大なる「も」

川　添：「の」という助詞の話になったところで、これもふかわさんの指摘ですが、「も、は偉大」だと。これにも膝を打ちました。

ふかわ：『雨にぬれても』（注5）と『恋におちて』（注6）を比較すると、「も」をつけるかどうかが大きいんですよね。「恋におちても」だと、這い上がってくる感が強くなってしまうんですよ。「も」の有無で大きく変わってくる。

川　添：『呪術廻戦』（注7）のセリフで「死んで勝つと、死んでも勝つは全然ちがうよ」というセリフがあるんです。たしかに全然違いますよね。
ふかわさんの「ホームステイ先でもパシリなんだって?」という一言ネタの「も」にも、「日本にいるときにもパシリだった」ということがほのめかされていて、悲しみというか、おかしみにつながりますよね。

(5) **『雨にぬれても』**：映画『明日に向って撃て!』の挿入歌。歌唱はB・J・トーマス。1970年、アカデミー主題歌賞を受賞。

(6) **『恋におちて〜 Fall in Love 〜』**：1985年発表の、小林明子のデビュー曲。ドラマ『金曜日の妻たちへIII・恋におちて』の主題歌として大ヒット。

(7) **『呪術廻戦』**：作者は芥見下々。『週刊少年ジャンプ』（集英社）で連載中の漫画。

ふかわ：それをさらに補強するのが「なんだって」ですよね。「皆が話しているのを聞いたよ」「皆、知ってるよ」っていう、伝聞のスパイス。

これは学生時代によく耳にした苦手なフレーズなんです。「皆、言ってるよ」。自分の意見を勝手に総意にするんですよ。大人になっても、そういう人はいますけど。言われた側の痛みが全然違うんです。主観なのに客観性を持たせる。

川　添：いっそう相手の心を深くえぐることになりますね。

ふかわ：「お前、ホームステイ先でもパシリなんだな」だったら、その話し手だけの話なんだけど、「なんだって」は皆が知っていて、そういう話を本人がいないところでされている、という背景が伝わります。いや、これを川添さんに説明できるのは本当に光栄です。

質問のフリをして

川　添：ふかわさんのネタの中で、一見、シンプルな質問なんだけど、そこに込められた「別の意図」を感じさせるものも好きです。

たとえば、「え？　フライドチキンってそこも食べられるの？」。揶揄《やゆ》していますねー。

ふかわ：意地悪ですよね。「普通、そこまで食べないだろ」と言われるのより、痛みがありますよね。

川　添：もうすでに食べちゃってますしね。

ふかわ：えぐられる深さが違います。

川　添：「お前、なんで年下とばっか遊ぶの？」「なんで女子にしかパスしないの？」も、あえて質問の形式にしているところが効いていると思うんです。「お前、年下とばっか遊んでるな」「お前、女子にしかパスしないな」とは、打撃の強さが違う。

ふかわ：疑問のふりをして断定。しっかり刀を抜いている。

川　添：断定、ですね。このところ、『なぜ〜なのか』という形の本のタイトルが多いじゃないですか。それと通じますね。

ふかわ：多いですねー。「なぜ」と言ったところで、断定的だし、絶対的なんです。

川　添：「これ、皆知ってるけど、お前知らないの？」という圧も感じます。

ふかわ：「なぜ、インディアンにハゲがいないのか」と言われると、実はハゲているインディアンもいるかもしれないけど、真実味が湧いてきます。

川　添：私も「なぜ」がつく断定には気をつけたほうがいいと思っています。ふかわさんがおっしゃる通り、本当かどうか怪しいことでも、「なぜ～なのか」という構文に入れ込んだら、「それはすでに常識」って感じになりますからね。

ふかわ：そうなんですよ。最近のネットニュースの見出しなんかもそういうのが多く、目に余るものがあります。

でも、質問って難しいですよね。以前、こんなことがありまして。カフェで、僕の目の前のカウンターにずっとオムライスが置かれていて、お客さんに出すわけでもないし、どうするんだろうと思って、店員さんに「これは何ですか?」と聞いたんです。そうしたら、「オムライスです」と返ってきて。

川　添：オムライスを知らないと思われたんですかね（笑）。

ふかわ：ええ。僕の聞き方もよくなかったかもしれませんが。でも、「これはお客さんに出すものですか?　まかないですか?」とか、いちいち細かく聞かないじゃ

ないですか。言語学的にはどうですか?

川　添：「何ですか?」という部分の「何」が、その料理の正体を聞いているのか、それとも料理がその場で果たしている「役割」を聞いているのか、二通りに解釈できるってことですね。

正体を聞いているのであれば、「オムライスです」が正解ですけど、役割を聞いているのであれば「これはまかないです」とか「他のお客さんに出すものです」とかが正解ですね。

でも実際は、オムライスがわからない大人に会う確率は低いわけだから、「正体を聞いているわけではないのかも」という可能性を考えてほしかったですよね。

接客業だったら尚更、相手の意図を汲み取ってほしいところです。

ふかわ：悔しいのが、文法的にはひとつも間違っていないことです。

川　添：日本語講座の会話のようですよね。

実は私にも、今のお話と近い経験があって。とある食通の方とフランス料理店に行ったんですね。その方がウェイターさんに「オードブルは何ですか?」と聞いたら、「オードブルとはメインの前に出る軽い料理のことです」と答えたんです。食通の方は当然、そんなことは知っていて「今日のオードブルは何か」が聞きたいのに、オードブルの定義についての答えが返ってきたんです。

ふかわ：コントだ！（笑）

川　添：でも、このパターン、私も学会でやったことがあるんですよ。人工知能の学会で発表したとき、「機械学習って何ですか？」と聞かれて。機械学習はＡＩの開発に使われる技術なんですけど、人工知能の研究者でそのことを知らない人はいないはずなので、「今更どうしてそんなことを聞くんだろう」と思いつつも、定義のようなものを答えたんです。そうしたら質問者が「いや、それは知っているんで。機械学習のうち、あなたが具体的にどの技術を使ったのか教えてください」と言われて。

ふかわ：「って」はクセものですね。

川　添：たしかに「って」の効果もありますね。「って」は、その話題についてよく知っている場合にも、たいして知らない場合にも使えますからね。で、この失敗をしてから、「〜って何ですか？」って聞かれたときには「相手は定義を知っている」という前提に立って、定義以外のことを答えるようにしました。
そうすれば、質問者が実際に定義を知りたかったとしても、問題にはならないんですよ。もしそうなら、「そうじゃなくて、そもそも定義がわからないので教えてください」って言われるはずですから。先に相手が定義を知らない前提で答えてしまうと、「そんなことも知らないと思われているのか！」というのがダメージになっちゃうんで。

ふかわ：ちょっとバカにされたというか、子供扱いされた感があるんですよね。NHK講座で扱ってほしいなあ。

「～しておきましょうか」はどっち？

川　添：ふかわさんの本に出てきた、「『～しておきましょうか』には無償化のニュアンスが含まれているのではないか」という指摘も「鋭い！」と思いました。

ふかわ：そうなんですよ！　ガソリンスタンドで店員さんに「添加剤入れておきましょうか」と言われて。てっきりサービスかと思ったら、がっつり有料だったことがあって。これはズルくないですか？

川　添：ズルいですねー。「しておく」というのが、いかにも「ついで感」があるじゃないですか。メインがあって、それにサブのように足すという。

ふかわ：サービスの匂いは、その「ついで感」から漂うものなんですかね？　僕の感覚は言語学的には間違えていないということですか。

川　添：私もそう言われたら、サービスだと思ってしまいます。

ふかわ：店員さんにしてみたら、上司に添加剤も売るように言われていて、でもなかなか売れないから、苦肉の策で生まれた言い回しなのかもしれません。

同じ例として、近所に来ていた庭師さんに「おたくの枝も道路に出ているから切っておきましょうか」って言われてお願いしたら、やはりお金を取られたという。これも「ついでにやりますよ」というサービス感が出ていますよね。

川　添：これは気をつけないといけませんね。「～しておきましょうか」は警戒ワードと思っておいていいかもしれません。

ふかわ：もし訴訟になったら、どっちが勝つんでしょうか。

川　添：法律のことはよくわかりませんけど、残念ながら「相手が嘘をついた」と主張するのは難しいと思います。「紛らわしい言い方をして、不誠実だ」と主張することはできるとは思うんですけど。

というのも、「〜しておきましょうか」と言ったからといって、「無料です」とか「サービスです」と言ったことにはならないんですよね。その証拠に、「〜しておきましょうか？　ちなみに有料ですけど」と言っても、矛盾にはならない。「あたかもサービスであるかのように匂わせる」ということと、「発した言葉そのものに『サービスだ』という意味が含まれる」ということは、似ているようで違うんです。前者のような「匂わせ」は後からいくらでも誤魔化せるので、要注意です。

ストップ・ズルい表現

川　添：他にも、相手を誘導する言葉って意外とありますよね。たとえば、「いつ」。前に、ナンパ術の本を読んだときに書いてあったことなんですけど、初めてデートをした相手と「また会いたいな」と思ったとき、「また会ってもらえる？」

と言うと、「NO」が返ってくる可能性もあるじゃないですか。そういうときは「今度はいつ会う？」と言うと、相手が断りにくくなるというんです。つまり、この言い方をした時点でまた会うことを前提にしてしまえるんですよ。

ふかわ：なるほど。すごいテクニック。心も誘導できちゃうんですね。先程も触れましたが、ネットニュースで、勝手に前提にするズルい表現を目にする機会が増えたように思います。たとえば、「○○が○○する○○の正体」の「正体」とか。

川　添：ああ、ズルいですね。いかにも、何か大事なものが隠されている気がしますよね。これまでにも「○○が○○する本当の理由」とかはありましたけど、「正体」は新しいかもしれない。

ふかわ：新手ですよね。『ズルい言葉辞典』みたいなのを作りたいぐらいで、本当に横行している。嘘までいかないけど、なんかそういう小さな狡猾《こうかつ》があちらこちらで散見されます。

川　添：「○○だということをご存じでしたか」とかね。キャッチコピーでも、たとえば飲み物のCMで、「喉ごしにこだわりました」というのは普通だけど、「こだわったのは、喉ごしです」と言うと、だいぶ印象が変わりますよね。

ふかわ：全然違うなあ。どう違うんだろう。

川　添：「こだわったのは、喉ごしです」のほうでは、こだわることが前提になっているんですよね。「私たち、何かにこだわるのは当たり前です」という主張が隠されていて、そのうえで「実際に、何にこだわったかというと、それは喉ごしです」と言っているんです。

ふかわ：「はじめたのは、冷やし中華です」っていう貼り紙はどうですか。

川　添：それは新しいですね（笑）。そういう店を見かけたら、思わず入ってしまいそうです。

ふかわ：あとネットでいうと最近、「けしからん」という表現がポジティブに使われているんです。

川　添：「けしからん」、懐かしい響きの言葉ですね。『サザエさん』（注1）の波平とかが使うイメージですが、流行っているんですか？

ふかわ：そうなんです。特に多いのは露出度の高い女性の画像に対して、「こんなの、けしからんな」と使っているんですけど、本心は大歓迎ということで。

(1)『**サザエさん**』：長谷川町子の漫画を原作とした国民的アニメ。初回放送は1969年。世界で最も長く放送されているテレビアニメ番組としてギネス世界記録を更新中。

川　添：なるほど、そういう使い方ですね。

ふかわ：ただ、またゆきりん（三島由紀夫）なんですけど、「けしからんしるこ」という表現があって。「おいしいおしるこ」という意味で使っているので、もともと「けしからん」にはポジティブな意味があったのかなと思ったんです。

川　添：あったんですかね。「こんなにうま過ぎてどうしてくれる」、みたいな？ちょっとツンデレな感じですかね。

ふかわのネタに潜む言語的ギミック

川　添：ふかわさんの一言ネタの中でも、こういう言葉の仕組みがよく使われていますよね。

ふかわ：何かありましたか？

川　添：たとえば「お前、ベストアルバムしか持ってないよな」。この「しか～ない」は、英語で言うと、「only」に相当するんですけど、日本語にはもうひとつ、「only」に対応する言葉として、「だけ」があるんですね。

「しか〜ない」と「だけ」は、意味としては同一なんですけど、内包している意味が真逆なんです。

ふかわ：そうなんですか。

川　添：「だけ」は「あなただけを愛する」とか、ポジティブなんです。対して、「しか」は必ず「〜ない」がくっついてくる言葉で、ネガティブなんです。「お前、ベストアルバムしか持ってないよな」を「お前、ベストアルバムだけ持ってるな」に変えると、意味は同じだけど、おもしろさは激減しますよね。

ふかわ：ほんとだ！　そこまでは考えていませんでしたけど、感覚で「しか」を選んでいました。

川　添：あと、ふかわさんは倒置法もよく使われますよね。「お前なんだろ？　ビート板かじったの」「近所で評判悪いぞ、お前んちの犬」。これらは重要な情報が後にくるタイプの倒置法で、通常の語順よりもおもしろさが増してますよね。

ふかわ：そのへんは意図的にチョイスしていました。

川　添：「まだ」とか「もう」とかも同じような感じで、「まだ◯◯なの？」みたいな感じだったら「相手がまだそれをしていない」ことが前提になっているんですよね。そして、「もう、それやめろよ」というときは、「お前、今までもそれをやってきただろ。もういい加減うんざりだよ」、みたいな感じになる。つまり、「まだ」や「もう」を使うことで、それより前の文脈を想像させるという効果がありますよね。

ふかわ：川添さんが解説してくださると、一言ネタもアカデミックに感じます。

一文字の導火線

ふかわ：せっかちなのかわからないですけど、いちいち最初に「だから」をつける人いるじゃないですか、説明のときに。こっちは初めてなのに、「いやだから、これはこうでしょ」みたいな。「だから」から始められると受ける側はちょっとチクッとしますよね。

川　添：そうですね。こっちは何も共有していないのに。

ふかわ：さほど意味はなく、単なる口グセなんだろうと思うんですけど。

川　添：そうですね。でも本人の中では何かあるんでしょうね。というか、あまり乱発し過ぎると、何か理由があると思われちゃいますよね。

ふかわ：イライラしているのかなと思っちゃう。何回言わせるのって。あと、よく聞くのがね、夫婦の間で「何食べる？」に対して「焼きそばでいい」の「で」がやっぱりしんどいと。

「焼きそばでいい」の「で」に妥協のニュアンスも、諦めとか残念とかネガティブな意味もないいんだけど、料理を作る側が抱く印象はやっぱり気持ちよくはないらしいですね。

川　添：作る側にしたら二重、三重の嫌さがあると思いますよ。「焼きそばだって作るのは大変なんだよ！」という、料理の手間が理解されていないっていう嫌さもありますし、「焼きそばで」じゃなくて、「焼きそばが」と言ってくれたらだいぶ違うのにどうして「焼きそばで」って言うのかっていう、気遣いが欠けていることに対する嫌さもありますよね。

ふかわ：いずれにしても、普段のフラストレーションが噴火するということですよね。

川　添：そうですね。「で」という助詞ひとつが導火線に火をつけちゃうこともある、ふかわ：ということですね。ひらがな一文字の力って恐ろしいですね。「炙《あぶ》ったイカでいい」というのは歌詞の世界だけの話なんでしょうか。

川　添：あの歌詞は「で」でうまくいっている気がしますね。「炙ったイカがいい」って言うと、急に食欲が湧いてきたみたいな感じがして、しみじみとした歌の雰囲気に合わないかも。

ふかわ：現実に「イカでいい」と言われると、やっぱり嫌ですけど（笑）。「風呂でいい」は、別に嫌な感じはしないですよね。「食事とお風呂、どっちを先にする？」「先に風呂でいいや」みたいに。たぶん料理とか、手間のかかるものに対して「で」をつけられると、っていうことでしょうね。

川　添：言っている側も、「簡単なものでいい」という気遣いを表そうとしているんでしょうけどね。

ふかわ：これはどうですか？　「今度の旅行、どこ行く？」「箱根でいいかな」。そこまで嫌じゃないですよね。

川　添：そうですね。「箱根がいい」と言われると、それ以外の選択肢が隠れてしまって、そこで話が終わってしまいそうですよね。「箱根でいいかな」だと、他にもいくつか選択肢があるんだけど、ひとまず思いついたのは箱根ですよ、という軽さがありますよね。

ふかわ：助詞ひとつで、そこまで受け取られ方が違うんですね。思い出したんですけど、以前、デートの日程を決めるときに予定がわからなかったので、「一応、土曜日にしておこう」って言ったら、「一応って何？」って叱られました。「私は、一応の女ですか」と。僕はあくまで「ひとまず」や「現段階では」的ニュアンスだったのですが……。

川　添：それは怖い（笑）。そういえば前に誰かが、「一応」という言葉はビジネスシーンではあまり使わないほうがいい、と言っているのを聞いたことがあります。目上の人に「一応ご報告しておきます」とか「一応ご確認をお願いします」と言うのは失礼だよ、と。
たしかに、「一応」から何らかの「ついで感」がにじみ出てきているので、それが「私のことを尊重してない！」と受け取られることがあるのかも。

ふかわ：とりあえず『一応の女』って曲作りたくなりました（笑）。

イカす邦題

川　添：映画の邦題についてのふかわさんの考察も興味深くて、ぜひともお話ししたいと思っていました。

ふかわ：うれしいです。タイトルに情緒があるのって、日本語ならではだと思うんです。原題を見るとたいていドライですよね。原題『Sister Act』が『天使にラブ・ソングを…』(注1)。『グルノーブルの13日』が『白い恋人たち』(注2)ですよ。誰がこの邦題を考えたのか、本当に知りたい。素晴らしいと思いませんか？　これ、言語学的に見てどうですか？　恋人たちに色はあるんでしょうか？

川　添：恋人たちの色……。普通は、ない気がします。

ふかわ：これ、何段階にもすごいですよね。だって、『グルノーブルの13日』は一九六八年に開催されたフランス冬季五輪の記録映画ですよ。雪は白いにしても。フランシス・レイ(注3)の音楽の甘い曲調もあいまって、我々はロマンティックなイメージを抱いてしまうんですよね。恋愛の要素なんて、ひとつもないにも

(1)『**天使にラブ・ソングを…**』：ウーピー・ゴールドバーグ主演のコメディ映画。1992年公開。続編も製作され、ミュージカル舞台化もされた。
(2)『**白い恋人たち**』：監督はクロード・ルルーシュ。フランソワ・ライシェンバック共同監督。ルルーシュは市川崑監督作品『東京オリンピック』(1965)に影響を受けたと言われる。

かかわらず。これ、今の日本でやったら炎上ですよね。「何が恋人だ！」「スポーツだろう！」って。

川　添：色の情報を入れているのがすごいと思います。「白い」で冬ということが伝わりますしね。

ふかわ：お菓子の『白い恋人』はここから来ているんですかね？　余談ですけど、「面白い恋人」という お菓子が関西にあります。

川　添：「面白い恋人」！　そういえば、「面白い」という言葉の語源は「面」つまり顔が明るくなる（＝白くなる）ことから来ている、というのが定説になっているみたいですね。この場合の「白」は「明るさ」を表しているってことです。邦題の話に戻りますが、私は『十二人の怒れる男』（注4）という邦題が好きです。原題は『12 angry men』。そのまま普通に訳したら、「十二人の怒る男たち」なんですよ。それを「怒れる」にしたのがすごいなと。

ふかわ：たしかに！

川　添：これは実は文語で、「怒る」の已然形「怒れ」に、存続の助動詞「り」の連体形「る」がついたものなんです。文語ならではの重厚感が出ますし、しかも「怒れる男」

(3) **フランシス・レイ**：フランスの作曲家。多くの映画音楽を手掛け、他のクロード・ルルーシュ監督作品でも『恋人たちのメロディー』『愛と哀しみのボレロ』など名曲を生み出している。
(4) **『十二人の怒れる男』**：1954年製作のアメリカのテレビドラマ。57年に映画化。

で七文字。「十二人の」と「怒れる男」で、七・七調になっているんです。

ふかわ：リズムですね。

川　添：それに、単に「怒る」というよりも「怒れる」のほうが、怒りが湧き上がってくるような感じしますよね。

ふかわ：いい仕事をしてますねー。

川　添：この「れる」って、いい働きをするんですよね。『眠れる森の美女』（注1）とか。童話としての邦題はほとんど『眠り姫』ですもんね。

ふかわ：川端康成（注2）にもありますね、『眠れる美女』。イカす邦題はまだまだありますね。『ニュー・シネマ・パラダイス』のジュゼッペ・トルナトーレ監督（注3）が十年以上前に撮った作品『鑑定士と顔のない依頼人』（注4）。これも、英題は『the Best Offer』、かなりシンプルなんですよ。ここでも「の」を入れて、イメージを膨らませている気がします。

川　添：もし『鑑定士と顔がない依頼人』だったら、だいぶイメージ変わりますね。「の」が効いていると思います。

(1) **『眠れる森の美女』**：ペローの『眠り姫』をディズニーが1959年に長編アニメーション化。
(2) **川端康成**：小説家。1968年に日本人初のノーベル文学賞を受賞。
(3) **ジュゼッペ・トルナトーレ**：イタリアの映画監督、脚本家。1989年に『ニュー・シネマ・パラダイス』を監督し、世界的大ヒットを記録する。音楽はエンニオ・モリコーネ。

日本の数量詞

川　添：ふかわさんの単位の話もおもしろいですよね。本に書かれていた「ビタミンCの単位としてレモンを用いるのをそろそろやめにしませんか」という提言も「たしかに！」と思いました。

ふかわ：「そろそろ」がズルいですけどね。

川　添：「そろそろ」があることで、「いずれそういうときが来ることは皆わかってるだろうけど」っていう圧を感じますね。
あと、本の中には「広さを伝える尺度は『東京ドーム』が一人勝ち」というコメントもありましたね。実は私、卒論で、「東京ドームが○個入る広さ」という表現について研究したんです。

ふかわ：なんと！　どんなことを考察されたんですか？

川　添：「三人」とか「五つ」といった、数を表す言葉（数量詞）についての論文でした。日本語では、「三人の学生」という言い方もあれば、「学生が三人」

(4)**『鑑定士と顔のない依頼人』**：2013年の同監督作品。音楽も同じくエンニオ・モリコーネ。

という言い方もありますよね。こんなふうに語順が違う場合、意味的にどう違うのかを調べていたんです。そのときに、「東京ドームが五つ入る広さ」と「五つの東京ドームが入る広さ」では、だいぶニュアンスが違うなと思ったんです。「東京ドームが五つ入る広さ」は普通に言いますけど、「五つの東京ドームが入る広さ」になると、本当に東京ドームが五つあるような気がしますよね。名詞の前に数がくるときは、リアルなものを指しやすいのではないか、という分析をしました。

もっとわかりやすい例にすると、「ひとりの人を愛し続けるのは難しい」。これを「人をひとり愛し続けるのは難しい」とすると、急にぼやけた感じになるんですよ。

ふかわ：どこに重心を置くのかということですかね。

川　添：そうですね。「ひとりの人」は人物がリアルなんだけど、「人をひとり」は明確じゃない。

ふかわ：たしかに、「ひとりの人」は、特定の人物という印象ですが、「人をひとり」はとても無機質さを感じます。「数量詞」と言うんですね。初めて聞きました。

日本の数量詞は独特なんですか？

川　添：「枚」とか「本」とか、何を指すかによって数につく言葉が変わるという特徴がありますが、それは韓国語や中国語にも見られるようです。

ふかわ：そこも難しいですよね。

川　添：あと、ふかわさんの本を読んでいて、もののたとえについても鋭い感覚をされているなあと思いました。牡蠣を「海のミルク」と言うのに違和感を覚えるとか。

ふかわ：覚えませんか？　「ミルク」でイメージするのって、栄養価よりも「甘くてまろやかなもの」だと思うんですよ。それを牡蠣の栄養をアピールしたいときにどうして用いるんだろう。それなら「海の栄養大臣」としたいです。

川　添：そこに「大臣」を持ってくるところがすごいと思います（笑）。重鎮感があって、より説得力があります。決して「番長」じゃない。

ふかわ：「番長」もいいときありますよね。「スパイス番長」とか「カレー番長」とか。本当の番長は見たことないんですけど。

川　添：「おしゃれ番長」というのもありますね。海のものでいうと、ホヤは「海のパイナップル」と言われていますよね。

ふかわ：それは形状的なことですか？
川　添：そうだと思います。パイナップルっぽい味はしないので、結構、誤解を招くと思うんですよね。
ふかわ：さわやかなものを想像しそうですよね。あと、とんぶりは「畑のキャビア」。大豆が「畑の肉」でしたっけ？
川　添：栄養のような抽象的なものを、具体的なものでたとえるのは難しい気がしますね。
ふかわ：食べ物でいうと、ときどき食品偽装で問題になるじゃないですか。「サーモン」じゃなくて、「サーモントラウト」と言わないといけないとか。お肉もランクやブランドに厳しいでしょう。
でも皆、豆腐にだけはやけに寛容なんですよ。「これ、豆腐じゃないでしょう」ってものが豆腐を名乗っていても、誰も目くじら立てない。それは豆腐が高級なものではないからだと思うんですよね。厳密に言うと豆腐ではなくても「騙された！」という感じにならないから。
川　添：たまご豆腐とか、ごま豆腐とか、そういうことですか？
ふかわ：どちらも大豆使っていないでしょう。豆腐じゃない豆腐は少なくないんですよ。

それに「偽装だ！」と怒らないダブルスタンダードに僕は腹を立ててしまうんです。

英語の使役動詞にジェラシー

ふかわ：英語表現に対する嫉妬の話をしましたけど、さらに嫉妬した話があるんです。

川　添：それはぜひ聞きたいです。

ふかわ：海外によく行く知人が、空港で飛行機を待っているんだけど、予定時間になってもなかなか飛ばない。「いつ飛ぶの」と空港の職員に尋ねると時刻を答えるものの、やっぱり飛ばない。問答を何回か繰り返した挙句、「あなたはなんで嘘をつくの！」と詰め寄ったらしいんですよ。そうしたら、その職員がこう言いました。「You made me lie」。

川　添：おお！

ふかわ：これにはジェラシーですね！　仮に日本語で、「いいえ、私は嘘をついていません。あなたが私に嘘をつかせたんです」って言ったらまどろっこしいでしょう。川添さんが「一人称のバリエーションが日本語には多い」とおっしゃいましたけど、英語は使役動詞（注1）のおかげで主語にくるものが自分じゃない場合がいろいろあるんですよね。それが悔しくて！

川　添：いい言い方ですよね。

ふかわ：「lie」がいいですよね。嘘をどう定義するのかという哲学的な問いでもあり。ちなみにこの詰め寄った知人は、デヴィ夫人（注2）なので、その返しが生まれたとも想像されますが。こういう使役動詞って日本語にもありますか？

川　添：日本語だと、たいてい助動詞で表現されますね。「書かせる」とか。動詞だと、「するように強いる」「仕向ける」のようになりますが。

ふかわ：英語だと主語がまるっきり変わるでしょう。それが責任転嫁ではなくて、多角

(1) **使役動詞**：「人に～させる」という意味を持つ動詞のこと。英語には、「make」「let」「get」「have」などがある。

(2) **デヴィ夫人**：デヴィ・スカルノ。タレント。東京都出身。22歳でインドネシアのスカルノ大統領（当時）と結婚、第三夫人となる。大統領の死後も「社交界の華」と呼ばれ、世界各国の要人と交流を持つ。

的に見ているように感じるんです。別角度から物事を捉えているように見えて、カッコいいなと思っちゃうんですよ。

川　添：それに、「You made me lie」って、響きがすごくシンプルですよね。日本語の「あなたが私に嘘をつかせた」っていう文の「わちゃわちゃ感」とは対照的ですね。ちなみに私が英語で好きな表現は「I mean it」ですかね。直訳すると「私はそれを意味する」ですけど、「本心から言っているのよ」という意味があるんです。

たしか宇多田ヒカルさん（注3）だったと思うんですけど、昔、外国人スタッフへの謝辞の中でこの表現を使っていらして。「私の皆への感謝の気持ちは、心からのものなんだよ」みたいな感じの表現をされていて、素敵だなと思いました。

ふかわ：「えーと」くらいな意味でもよく聞く気がします。

川　添：そうですね。「I mean ~」を会話の途中で入れることもありますね。「you know ~」とか「well ~」とかと同じように。

(3) **宇多田ヒカル**：シンガーソングライター。1998年、15歳でデビュー。デビューシングル『Automatic / time will tell』はダブルミリオンのセールスを記録。一大ムーブメントとなる。

時間と距離と温度

ふかわ：空港の話がもうひとつあるんですけど。この前、飛行機で秋田から帰るとき、小さい空港なので、出発時間の二十分前に搭乗口に行けば大丈夫かなとのんびりコーヒーを飲んでいると、「まもなく搭乗ゲートを締め切ります」というアナウンスが聞こえてきて。

トイレに寄りたかったから、急いで向かったんですけど、トイレに着いたそのときにまた「まもなく」とアナウンスが聞こえたので、尿道ゲートを締めて、慌てて搭乗ゲートに向かったんです。すると実際は、あと五分くらい余裕があったんですね。

もちろんＴＰＯはありますけど、空港の「まもなく」は五分なんだなと。僕の感覚での「まもなく」は一～二分なんですよ。

北海道の人の「すぐそこ」と関東の人のそれに乖離《かいり》があるように、時間とか距離のイメージは環境や状況によってさまざまですよね。

川　添：時間も距離も、長いか短いかは何を基準にするかによって変わりますよね。

ふかわ：空港だと余裕を持って発していると思うんです。かと言って、「あと五分あるので、ゆっくりいらしてください」とは言えないだろうし。

川　添：急がせる狙いもあるでしょうしね。

ふかわ：「一瞬」という言葉も日常で使うけど、一瞬じゃないですよね。「一瞬貸して」とか。

川　添：英語の「Just a moment」とか「Wait a second」とかも、言葉通りの意味は「一瞬待って」「一秒待って」だけど、なんだかんだ言って五分以上待たされたりしますよね。一瞬も一秒も、状況によっていくらでも延びるってことなんでしょうね。

ふかわ：「何を基準とするか」という話についてですが、最近ある人から「今まで『低温火傷』を氷とか低温のものによる負傷だと思ってた」という話を聞いて、おもしろいなと思いました。実際は、携帯カイロのような、「アチッ！」とならない程度のじんわりとした熱さで火傷をすることを言うんですけど。

ふかわ：僕も前者だと思ってました。凍傷のような。

川　添：ふかわさんもですか！　これは「低温」を、どういう基準から見た「低温」だと考えるかによって解釈が変わる例です。

本来の意味の「低温火傷」では、「低温」は「普通、皆が『火傷する』と思っている温度にしては低めの温度」ってことなんですよね。一〇〇度のお湯に触るとすぐ火傷しますけど、低温火傷は約四十~五十度のものに長時間触れていることで起こります。

これに対して、ふかわさんの解釈における「低温」は、人間が快適に過ごせる温度、つまり「常温」を基準とした「低温」だから、氷とかの温度ってことになるわけです。

いずれにしても、時間とか距離とかの「長い」や「短い」、温度の「高い」や「低い」といった感覚を、誤解なく伝えるのは限界がありますよね。人によって、熱いと感じる温度も違うでしょうし。

第四章

なぜ、感情むき出しの言葉は不快なのか

英語にもある曖昧表現

ふかわ：日本語って、形容詞がどっちについているかわからないときありますよね。

川　添：「美しき水車小屋の娘」とか、美しいのは、娘なのか、それとも水車小屋なのか、わからないですよね。

ふかわ：そこは日本語の特徴でもあり、誤解を招きやすい点でもありますけど。

川　添：日本語では、名詞の前に修飾語が団子のように重なるので、どの修飾語がどこにかかっているか、わからないケースが多いですよね。大江健三郎（注1）がノーベル文学賞を受賞したときのスピーチで、「あいまいな日本の私」（参25）というのがありますけど、日本が曖昧だとも、私が曖昧だとも、どちらにもとれる。

ふかわ：大江さんはそれを狙ったんですかね。

川　添：おそらく、そうだと思います。

ふかわ：英語だと、そうした誤解はないですよね？

川　添：英語にも、曖昧な表現は存在します。「with なんとか」みたいに前置詞がつい

(1) **大江健三郎**：小説家。1994年、日本文学史上、2人目のノーベル文学賞受賞者となった。

た表現では、たまに文中のどこにかかっているのか曖昧になることがあります。たとえば、「I saw a man with a telescope」と言う場合、私が望遠鏡を使って男を見たのか、それとも望遠鏡を持っている男を見たのか、文脈を読まないとわからないんですよね。

ふかわ：ほんとだ！　やっぱりそこは言語の限界なんでしょうかね。映像がつかないとわからない。……英語のことを話していたら、『オー・シャンゼリゼ』（注2）を思い出してしまいました。『オー・シャンゼリゼ』の「オー」は「Oh」のイメージですよね！　でも、もともとは違うんです。

川　添：私もふかわさんの本で初めて知りました。

ふかわ：ありがとうございます。これは『Waterloo Road』のカヴァー曲で。イギリスでは「ウォータールーロードへ行こう」と歌っているんです。この「ウォータールー」をフランス語でそのまま歌うと、「ワーテルロー」になる。ワーテルローはフランス人にとっては敗戦の地というイメージなので（注3）そのまま歌うのは好ましくない。そこで、白羽の矢が立ったのがシャンゼリゼ。

(2) **『オー・シャンゼリゼ』**：1969年、フランスの歌手ジョー・ダッサンの楽曲として発表された。
(3) **ワーテルロー**：再起をかけたナポレオンとイギリス・プロイセン軍が衝突した地。フランス軍が敗れ、ワーテルローはナポレオンにとって生涯最後の戦いであり、敗戦の地となった。

「シャンゼリゼに行こう」と歌っているんですが、「オー」は「Oh」ではなく、英語の「to」に該当する「aux」という前置詞なんです。

川　添：まさか、前置詞だとは思いませんよね。「Oh」のほうがしっくりくる。フランス人はそういう感覚ないんでしょうかね。

ふかわ：「おおシャンゼリゼー」ではなく、「シャンゼリゼにー」。サビの頭に前置詞って！　日本語では助詞から始まるようなものです。これを私は「シャンゼリゼの奇跡」と呼んでいます。

消えゆく方言

ふかわ：外国語はひとつ覚えると、芋づる式に他の言語も話せるようになると聞いたことがありますが、それは本当なんですか？

川　添：そうですね。イタリア語を覚えると、周辺の、たとえばスペイン語、ポルトガル語なども文法も語彙も似ているので、それほど苦労はしないみたいですね。

ふかわ：それって、日本で言う標準語と方言みたいなものですか？

川　添：近いかもしれませんね。でも、スペイン語を話せる人から聞いたんですけど、ポルトガルに旅行に行ったときに現地の人にスペイン語で話しかけたら、通じることは通じるんだけど、相手はちょっと嫌そうな顔をしていたそうです。

ふかわ：郷に入っては郷に従え、ですね。そうした言葉の源流はラテン語なんでしょうか？

川　添：そうですね。スペイン語やイタリア語、ポルトガル語はラテン語から枝分かれしたみたいですね。

ふかわ：今もラテン語を話している人たちはいるんですか？

川　添：日常的にはいないと思いますけど、カトリックの教会の儀式などでは使われているようですよ。前に悪魔祓いの映画を見たんですけど、そのときは神父さんがラテン語で悪魔を祓っていました。

ふかわ：そこでは生き残っているんですね。日本で言うと、大和言葉に該当するのでしょうか。

川　添：日本でも、神社で聞く祝詞とかでは昔の言葉が残っていますよね。お祈りの言葉や呪文とかは定型化しやすいので、古い形式が消えずに残りやすいんでしょうね。

ふかわ：日本の方言も、どんどん消えていっているような気がします。

川　添：ラジオやテレビの普及で、どんどん標準語化していっていますね。
私は長崎の出身なんですけど、発音にクセがあるんですよね。「せ」が「しぇ」になるような。「センセイ」が「シェンシェー」になる。そうかと思えば、「Jリーグ」を「ゼイリーグ」と発音します。うちのおじいちゃんもそう言っていました。
でも最近では、やはり、おじいちゃんおばあちゃんが話していたような言葉は使われなくなっていますね。

ふかわ：それはちょっと寂しいものがありますね。

クチスタシーの威力

ふかわ：「うだつが上がらない」という言葉が出ましたけど、一説によると語源が徳島ですか。一地域で生まれた言葉が全国区になって、今現在もスタンダードとして使われているってすごいことですよね。消えてしまう言葉や地方を出られない言葉と何が違うんでしょうか。

川　添：やはり共感性が高いということでしょうか。しっくりくる感じ。あと、言いたくなる感じもやはり大きいと思います。「うだつ」って、何のことかわからなくても、なんとなく言いたくなりますよね。

ふかわ：言いたくなる感じというのは、リズムの要素が大きいんですかね？

川　添：その要素も大きいでしょうね。

ふかわ：「猿も木から落ちる」「弘法も筆の誤り」「河童の川流れ」、どれも同じ意味のことわざですけど、もれなくリズムがいいですよね。

川　添：スタンダードとして残るものの共通点ですね。聞いていても心地いいし、自分で口に出しても心地いい。

ふかわ：そういうものが選ばれしものになるんでしょうね。言いそびれていたんですが、私、そういうことを「クチスタシー」と呼んでまして（笑）。発音していて口が気持ちいい、クチスタシー度の高いものが残ると思うんです。

川　添：クチスタシー（笑）、いいですね。「クチスタシー」自体にクチスタシーが感じられます。日本人が好きな七五調は全体的にクチスタシー度が高いですね。

ふかわ：ひとつ気になっていることがあるんですけど。「本邦初公開」の「本邦」ってここでしか見かけませんよね？

川　添：たしかにそうですね。他では見たことないかも。

ふかわ：これも「ホンポー」という発音が小籠包みたいで楽しいからだと思うんです。僕自身、響きから入ったので、「本邦」の漢字と意味を知ったのは、ずいぶん後のことでした。これ、本邦さんは初公開さんに毎年お歳暮を贈っていると思うんです。

川　添：初公開さんのおかげで、生き残れていますからね。

ふかわ：そうなんです、彼に嫌われたら終わりですから。やっぱり音が大事なんですよ。それで言うと、私は「晩酌」が好きですね。「バン」に「シャク」、よくありませんか？

川　添：どちらもいい音ですよね。

ふかわ：ですよね。お酒関係で言うと「泥酔」も好きです。これ、「デイスイ」でも「ドロヨイ」でもいい音だと思いませんか？

正気を失くすほど酒に酔ってしまっている様を「泥」と表現したのが秀逸と思っていたんですけど、実は「泥」という奇妙な生き物のことらしいんですよね。

川　添：えー、本当ですか。「泥酔」って、泥のように、どろどろに酔うことだと思っていました。

ふかわ：ですよね。お酒関係で思い出しましたが、飲みに誘う際に、「一杯だけ飲みに行こう」って言うじゃないですか。でも、あれって実際、一杯で終わることなんてないですよね。

川　添：一杯って言ったのに、朝までなんてこともめずらしくないですね。

ふかわ：誘われた人が「一杯って言ったじゃないですか！」って怒ったら、むしろおかしな人として認識されますよね。理屈は間違っていないのに。

「酔い潰す」には二人の人間の物語がある

川　添：ちなみに、私がお酒に関する言葉でおもしろいと思うのは「酔い潰す」ですね。

ふかわ：酔い潰す！　いいですね。

川　添：この言葉のおもしろいところは「酔う」と「潰す」で二人の人間がいるところなんですよ。酔っている人間とその人間を酔わせようとしている人間。

ふかわ：本当だ！

川　添：二つの動詞がくっついた言葉は「飛び上がる」とか「逃げ回る」とかみたいにたくさんあるんですが、ほとんどは、ひとりの人間が行っている行動なんです。「飛び上がる」では、「飛ぶ」のも「上がる」のも同じ人ですよね。でも「酔い潰す」は違う。

ふかわ：「酔い潰す」はその言葉の中に物語が見えますすね。

川　添：見えますよね。このパターン、私は結構好きなんですよね。「会社を立ち上げる」とか「パソコンを立ち上げる」の「立ち上げる」も、似たような表現かと思います。この言葉が出始めた頃は、「立ち上がる」の間違いじゃないかとか、「（何かが）立つ」のと「（誰かが）（何かを）上げる」というのをくっつけるのはおかしい、などと批判している人もいたんですけど、「立ち上げる」でないと表現できないものがあると思うんです。

ふかわ：力強い意思を感じますすね。あと、その言葉ひとつで情景が浮かぶものってありますよね。「煙草をくゆらす」とか。

川　添：ああ、のぼっていく白い煙が見えますね。

ふかわ：「くゆらす」は元の言葉は「くゆる」ですか？

川　添：「くゆる」は匂いや煙が立ち上ることをいうみたいですね。最近、あまり聞かなくなりましたけど、きれいな言葉ですよね。

ふかわ：「くゆらす」も「煙草」にお歳暮を贈っていると思います。

「奥」の乱用

ふかわ：手加減とか、「手」が一文字つくだけでニュアンスが変化する言葉もありますよね。

川　添：「手」がつく言葉はたくさんありますね。

ふかわ：手堅い、手違い、手料理……。「手違い」って言うと、なんかミスを軽減させている印象があります。

川　添：正式な過失ではなく、「ちょっとした」感が漂いますね。「うっかり」とか。故意じゃないんですよーという。

ふかわ：ちょっとしたズルさが見えますね。

「手料理」は、そもそも料理は手でするものなのに。おふくろ感が増幅しますね。体の部位の中では一番使われているんですかね？

川　添：「手」は、体の部位の中では一番生活に密着しているので、使いやすいんでしょうね。他には「目」なんかもいろいろありますね。「目新しい」とか「目上」「目下」「目先」「目の当たり」とか。

ふかわ：目かー。あと体ではないですが、「小」もいろいろありますね。小ぎれいとか、小ぎたないとか。これ、「汚い」と「小ぎたない」ではどちらが汚いんでしょうね？

川　添：普通に考えたら、「汚い」ですかね？

ふかわ：そうですよね。でもテレビで言うときは「お前、汚いな！」よりも「お前、小ぎたないな！」のほうがインパクトがあるんですよね。

あと「薄汚い」は外見というより、精神性になるんですかね。

川　添：外見に使う場合もありますけど、精神性に使われることも多いような気がしますね。「汚い」っていう状態はその場限りで、洗ったら落ちるけれど、「薄汚い」は洗っても取れないような感じがしますよね。「薄汚い」って言われたほうがダメージが深いかも。

ふかわ：薄いのに！　ちょっと違うかもしれませんけど、「奥」。これも文字通り「奥深い」言葉ですよね。

川　添：簡単には入っていけない場所って感じでしょうか。滅多に見られないものがあったり、厳かだったりというニュアンスがありますね。

ふかわ：「湘南エリアはどこか？」ということを問うたときに、人によって定義が違うんですけど、鎌倉の人たちは「鎌倉は湘南じゃない」と言う。ＳＵ（湘南連合）には加入したくないと。潮風よりも古都のイメージのほうが彼らにとっては大事なんですね。
それよりもさらに上を行くのが北鎌倉。「北」の持つプレミアム感は鎌倉よりも奥まったところから生じていると思うんです。まさに「奥」ですよ。

その「奥」の最近の使われ方に、ちょっと違和感があるんです。

川　添：と言いますと？

ふかわ：「奥渋」とか、やたらとエリアに使われていませんか？　「奥鬼怒」や「奥日光」のように。一時期、「裏原」が流行ったからその流れなのかもしれませんけど。「奥渋」は上原に向かうあたりのことだろうと思っています。

川　添：なるほど。でもたしかに、普通に「上原」というよりも、「奥渋」としたほうがオシャレな感じはありますよね。マーケティング的には正解な気がします。これも同じ発想なんでしょうけど、この間、駅に置いてあるタウン情報誌の見出しで「奥中目黒」というのを見ましたよ。

ふかわ：きゃー！　奥中目黒！　それは急いで取り締まらないと！　「奥」と「中」がくっつくって、さすがにそれは看過できない！　でも「奥目黒」としちゃうと、意図するエリアじゃないんでしょうね。いやー、「奥」が無闇に使われ過ぎてますよ。

SU勢力マップ

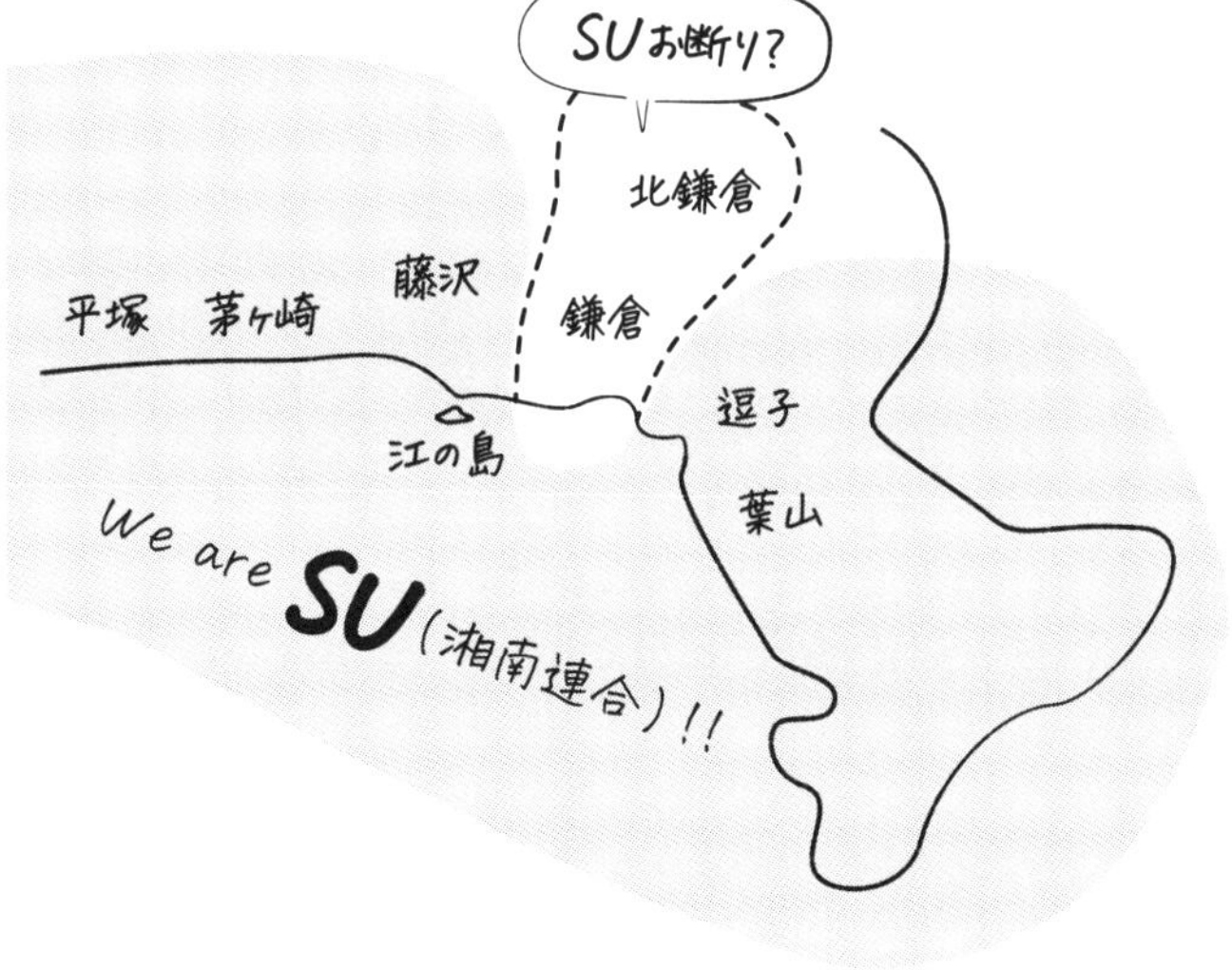
SUお断り？
北鎌倉
藤沢
平塚
茅ヶ崎
鎌倉
逗子
江の島
葉山
We are SU(湘南連合)!!

違和感だらけの気象用語

ふかわ：これも自分の中で違和感を覚えたんですけど。降雪の時期にやたら目にした「顕著《けんちょ》な大雪」。「顕著な大雪」って……。今まで見たことのない表現が突然降ってきたんですよ。これはどういうことなんでしょう。

川　添：気象庁がそういうふうに言っていますね。一応定義のようなのもあるみたいですけど、ふかわさんとしてはどういう点が引っかかるんですか？

ふかわ：そもそも雪ですし、注意を促すために生まれた表現だと思うんですけど、それにしては「顕著な大雪」というのはぼんやりし過ぎている気がして。

川　添：ですよね。どこをもって「顕著」なのか？　「主観で判断していいの？」という感じがします。

ふかわ：顕著自体は「明らかな」「決定的な」という意味だと思うんですけど。

川　添：なんか翻訳っぽいですよね。英語で「重大な」を意味する「significant」とか、そういうのを「顕著な」と訳したのかな。

ふかわ：気象予報士の森朗さん（注1）によれば、「短時間大雨予報」に当たる情報を意味するための、苦肉の策で選ばれた表現のようですが、「わかりにくいですよねー」とおっしゃってました。

それにしてもやたらと「明日は顕著な大雪です」って天気予報が伝えていて。しかもそれを何の引っかかりもなく受け止めている人たちがいて、「皆、どうしたんだよ」って思って、より孤立してしまうんです。

川添：「顕著な差がある」とか「顕著な特徴が見られる」といった表現は、わりと耳にしますし理解できますけど、「顕著な大雪」だと途端にわかりにくくなりますね。

気象関係は結構難しいですよね。何年か前にちょっと気になったのが「全員避難」。警戒のレベルがいくつかあって、レベル3ぐらいが高齢者の避難で、その次が「全員避難」だったんですけど、「全員避難」という響きの「ただごとでなさ」がすごくて。大変なことになったと思ったんですけど、表示をよく見たら、小さめの字で「危険な地域にお住まいの方は」って書いてあったんですよね。

(1) **森朗**：気象予報士。ウェザーマップ代表取締役社長。

つまり「全員避難」というのは「高齢者じゃない人も危険なところにいたら避難してください」ということだったというオチなんですけど、「全員」という言葉があまりにも重過ぎて。危険を知らせて注意を促すのにはいいのかもしれないんだけど、「全員」「全員」と言っていたら、そのうちオオカミ少年みたいな感じに聞こえてしまうんじゃないかと心配しちゃいました。

ふかわ：効力が薄まっちゃう。

川　添：そうそう。言えば言うほど、逆に効果が薄れていくんじゃないかという感じがしましたね。

ふかわ：気象用語はいろいろありますよね。「大気（の状態）が不安定」というのもよく聞きますけど、以前、阿川佐和子さん（注1）がキャスターをやっていたときに、「大気が不安定」という表現の意味を本当にわかっているのかと、上層部に問われたそうです。言うのは簡単だけど、それは実際どういう状況なんだと。それで、自分なりに「寒気と暖気が喧嘩をして」みたいな、嚙み砕いた表現をするのに苦労したということを話されていました。
「大気が不安定」も一般的な言い回しになっていますけど、なんか不思議な言

(1) **阿川佐和子**：エッセイスト、小説家、タレント。新幹線「のぞみ」の名付け親。候補にあった「きぼう」を大和言葉に置き換え、「のぞみ」と提案。

葉ですよね。

川　添：気象の知識をある程度持っていないと、何をもって「安定」「不安定」と言っているのか、正確にはわからないですよね。

あと、最近は「特別警報」とか、表現が工夫されているのは伝わってきますが、人によって受けるイメージが違うから難しいですよね。

ふかわ：その慎重さの対極にあるのが、ボージョレ・ヌーボーの毎年のコピー。あれがすごくユニークで、ワインの味以上に楽しみにしてしまいます。

毎年毎年、基本的には「味がいい」ことを伝えたいからなんでしょうけど、「五十年に一度の出来だ」の翌年に、「一〇〇年に一度の」と。そこが、私が好きな感覚なんですけど、前後の文脈は関係ないんでしょうね。普通なら、去年「五十年に一度」だったから今年「一〇〇年に一度」と言うのはどうかと考えちゃうけど、そんなこと気にしないところがいい。

川　添：たぶん、そのときに思ったことをそのまま言っているんでしょうね。

ふかわ：そうそう。そこに矛盾はないのだと。ボージョレのコピーの世界観こそ芳醇《ほうじゅん》なんですよ。

「かねます」問題

ふかわ：かねてより、「かねます」問題というものがありまして。

川　添：かねます？

ふかわ：「負いかねます」とかの「かねます」。子供の頃から「責任は負いかねます」って、それは「どっちなんだろう？」と思うわけですよ。「責任を負うの？　負わないの？」と。子供ながらに「これはきっと負わないほうなんだろうな」と察して、負わないのに「ます」という肯定形というところに混乱の要因があるなと。「負いかねます」というのは「負えないです」よりも丁寧になっているということなんですか。

川　添：「ない」みたいな否定の言葉が入っていないのに実質的に否定を表す、というところが難しいんでしょうね。接客業では、お客様に対して「できません」「わかりません」という否定形を使うことはＮＧで、「できかねます」「わかりかねます」と言うように決まっているそうなんですけど、私個人としては、逆に結構「圧が強いな」と思うんです。「責任は負えません」と言うより、「責任は負いかねます」と言ったほうが、なんだかとりつく島がない感じが私はするんですよね。

ふかわ：それは、逆に言葉遣いが丁寧なほうが、乱暴に言われるよりも圧がある的なニュアンスですか。

川　添：そうですね。「できません」と言われたら、「いやいや、そこを何とか」って言えそうな気もするんですけど、「できかねます」だと、明確に否定されていない分、ひっくり返しづらいっていうか。

ふかわ：印象としては、「責任を負いかねます」が非常に多いんですけど。その「かねます」自体が「○○を兼ねる」、男女兼用の「兼ねる」と重なってしまい、否定や拒絶のニュアンスから遠ざかってしまう気がするんですよ。

川　添：紛らわしいですよね。あと、「かねない」っていう表現もありますよね。こっちは「そういう可能性がある」っていう肯定の意味なんです

よね。「かねる」と「かねない」を混同してしまうという話もたまに聞きます。

ふかわ：否定を伝えているのに表現が肯定というところに頭がこんがらがってしまう。それで言うと「気のおけないやつだ」も。これは褒めているわけですよね。

川　添：そうですね。

ふかわ：いい関係のことを言っているんだけど、「気のおけない」と否定の「ない」が入っているから、ネガティブなほうなんじゃないかと。ここもまたこんがらがっちゃう。「隅に置けない」もいい意味ですよね。

川　添：そうですね。「こいつ、意外とやるんだな」みたいな。

ふかわ：「隅に置けない」はまだイメージが湧くんだけど、「気のおけない」は特に、あれ？どっちだったっけ、みたいな。

川　添：「ない」があると、やっぱりネガティブ感が漂いますよね。

ふかわ：そうなんです。否定の代表格だから。

川　添：私は最近、二重否定が結構こんがらがっちゃって。スマホで「消音モードをオフにします」って表示が出ると、「どっちだっけ？」ってなっちゃうんですよ。

ふかわ：あーわかる（笑）。一時期、ニュースでよく耳にした「トリガー条項の凍結解除を否定」。あと、「原作改変なしは、あり得ない」とか。もうカオスです。否定が二重、三重になっていて。

川　添：あと「不要不急の外出をお控えください」とか。

ふかわ：それほど重要じゃない外出を控えてください、ということを言いたいんですよね。「極力、家にいましょう！」じゃダメなんですかね。

川　添：そうですよね。でも「不要不急」と書いているので、「あれ？　これはどっちだったっけ？」ってわからなくなっちゃうんです。あと、先日聞いたのは「部外者以外立ち入り禁止」。これ、どう考えてもひっかけですよね！

ふかわ：え、わからない。「外」がふたつもあるし！

川　添：実際にそういう看板があったそうなんです。たぶん、「関係者以外立ち入り禁止」と、「部外者立ち入り禁止」が混ざってしまったんだと思うんですが、その結果、「部外者は入っていいけど、関係者はダメ」っていうおかしな意味になっている。これも否定の言葉が重なってこんがらがっちゃった一例だと思います。

あと、宅配便の「天地無用」も「天地はどっちでもいい」ととれそうですよね。

ふかわ：本当だ。でも、あれをわざわざ貼るということはどっちでもよくないということですよね。

川　添：ひっくり返しちゃダメだということですよね。

ふかわ：「逆さ厳禁」ということを伝えたいわりには、「無礼講」感があるなあ。

川　添：たしかに、「天地の気遣いは無用！」って感じがしますね。

「たっきゅうびん」と「たくはいびん」

ふかわ：荷物で思い出したのですが、『魔女の宅急便』の原作者の角野栄子さん（注1）は最初、「宅急便」がヤマト運輸の登録商標だということを知らずにタイトルをつけたらしいですね。でも、それでよかった。『魔女の宅配便』だとピンときませんよね（笑）。

川　添：いや、本当にそうですね。「たっきゅうびん」には、なんだかリズミカルに弾む感じがありますよね。「た」と「きゅ」と「び」の子音ってどれも、一度口

(1) **角野栄子**：童話作家、エッセイスト。『魔女の宅急便』は1985年の作。娘（作家のくぼしまりお）が描いた魔女のイラストとニューヨークの風景写真でイメージが膨らんだ。

の中のどこかを閉じてからパッと開く、言語学では「破裂音」という種類の音なんです。だから、「たっ」「きゅう」「びん」はリズムよく聞こえるんだと思います。

ふかわ：クチスタシーだ。

川　添：はい。一方、「たくはいびん」の「は」の子音は、声門を空気が通っていくときのかすれる音なんです。そんなふうに、口や喉の狭いところを空気が通るときに出てくる音を言語学では「摩擦音」って言うんですけど。「た」や「きゅ」や「び」が瞬間的な音であるのに対して、「は」は持続的。なので、「たくはいびん」は「たっきゅうびん」にくらべると、ちょっとリズム感に欠けるわけです。

ふかわ：ここまで分析はしなくとも感覚的にそのジャッジがあったということですよね。

川　添：そうですね。別に言語学を勉強しなくても、「たっ」「きゅう」「びん」のほうが「たく」「はい」「びん」よりもリズム感がある、というのは感覚的にわかりますよね。

ふかわ：その感覚って、特に作品のタイトルだったらよりセンシティブな尺度になっていると思うんですけど、我々も普段、無意識にそれをやっているじゃないですか。

会社関係なく「宅急便」と言ったり、「ウォークマン」とか「ファミコン」とか発音しやすく口が気持ちいいみたいな、そういう感覚を無意識に判断していますよね。

川　添：口にしたときの気持ちよさとか言いやすさって、本当に大事ですよね。たとえば、「雨傘」。「雨」プラス「傘」だから、「あめかさ」になってもおかしくないのに、「あまがさ」って発音しますよね。こんなふうに、言葉は気持ちよさで選択されていくところがあります。

ふかわ：それも感覚的にですよね。

川　添：音声学者の川原繁人さん（注1）が出された本（参26）に書いてあったんですけど、プリキュア（注2）の名前には、「キュア」の後にバ行とかパ行から始まる言葉がついていることが多いらしいんです。「キュアベリー」とか「キュアピーチ」とか。で、バ行とかパ行の音って、両唇を使って発音するから「両唇音」と呼ばれていて、これらは赤ちゃんが最初に発する音なんです。赤ちゃんはお母さんのおっぱいを吸うから唇がまず発達して、それでそういう発音になるらしいんですけど。それで、その音自体も「かわいい」というイメー

(1) **川原繁人**：音声学者、音韻論者。専門は言語学、音声学。慶應義塾大学言語文化研究所教授。
(2) **プリキュア**：2004年、『ふたりはプリキュア』として放送開始。以来、シリーズが続いている人気テレビアニメーション。

ジがついてくる。ちなみに、「ママ」のようなマ行の音も両唇音です。

ふかわ：ママ、パパは赤ちゃんにとって無理のない言葉なんですね。

川　添：うまくできていますよね。あと、川原さんはポケモン（注3）の名前の観察もされています。ポケモンも、小さいときと大きくなってからで名前が変わりますよね。最初は「ピカチュウ」みたいなかわいい響きだけど、成長するとガギグゲゴみたいな濁音が入ったゴリゴリした名前になったり。

そういう音のイメージと私たちの感覚って、つながっているらしいんです。特定の音が特定のイメージを喚起する現象は「音象徴」と呼ばれます。

ふかわ：僕もそういうのに昔からすごく関心があって。たとえばガメラとかゴジラは濁音。これもやっぱり後天的な刷り込みもあるかもしれないけど、本質的な濁音に対するイメージが我々の中にありますよね。

音が人に与える影響といえば、名前も重要ですよね。一生呼ばれるし、自分も言う。インとアウトで浴び続ける音。特に、名前の一番最初の音の影響が大きいとどこかで読んだ覚えがあります。サヤカという名前だったら、「サ」の風が流れるようなさわやかなイメージ。それが少なからず、その人の性格に影響

(3) **ポケモン**：『ポケットモンスター』。1996年に任天堂から発売されたゲームソフトシリーズ。そこからカードゲーム化、アニメ化され、世界に人気が広がる。カードゲームは毎年、世界大会が開催され、国籍・年齢・性別さまざまな参加者が集まっている。

かわいい	⟷	強い
ピカチュウ		カイオーガ
ニンフィア		ザシアン
ミュウ		グラードン
ポッチャマ		レックウザ
フカワ		カワゾエ

を及ぼす気がしますね。

川　添：それはあるでしょうね。私ももし違う名前をつけられていたら、今とは少々違う性格になっていたかもしれません。

ふかわ：僕も「りょうた」だったら、もっと地に足のついたタレントになっていたと思います。年収も倍くらいに。

川　添：年収も倍！（笑）でも、たしかに「りょうた」もいい名前ではありますけど、「ふかわりょう」っていうお名前は、柔らかさとなめらかさがありますよね。漢字じゃなくて、ひらがな表記なのも、音のイメージに合ってます。

ふかわ：ありがとうございます。

「レンチン」という発明

ふかわ：言葉の発明という意味では、「レンジでチン」。電子レンジという機械の発明もさることながら、この「レンジでチン」という表現。誰もがわかるじゃないですか。完全に定着しましたよね、チンする。

川　添：今は「チン」と鳴るレンジはないにもかかわらず（笑）。

ふかわ：昔はチーンと鳴る電子レンジがあったような気はするんですけど。

川　添：「レンジでチン」もなんとなく韻を踏んでいる感じが気持ちいいのかもしれないですね。

ふかわ：リズムもいいですよね。全然知らない人にでも、「これはチンすればいいんですか？」「はい、これはチンでいいですよ」みたいに。すごいコミュニケーションですよね。「チンすればいいから」で通じてしまう。

川　添：英語だと「Heat it up in the microwave」とかいって、つまらないです。私の感覚だと、「マイクロウェーブ」っていう発音自体が、なんだかのんびりしていてメリハリがない気がします。「電子レンジ」とか「レンジでチン」の快活さがない。

ふかわ：日本でだけ、「レンジでチン」は生き続けるんです。

川　添：代わりがないですものね。「電子レンジにかけてください」とかも、言わないですし。

ふかわ：さすがにコンビニの店員さんは「温めますか」と言いますけど。一般的には「レンジでチン」で通用しちゃうという。

そもそも「チン」の最初って何だろう。トースターかな。呼び鈴かな。タイプライターの改行でも鳴りますよね。ちょっと調べてみたいです。

あと、これも発明だと思うんですけど、「頭の回転が速い」。どこから来ているんだろうなと思って。これは慣用句ですか？

川　添：慣用句だと思いますけど、たぶん機械がスタンダードになってから生まれた言葉ですよね、きっと。

ふかわ：そんな印象はありますよね。

川　添：車輪とか、そういうのが出てきてからだと思うんですけど。何かが機械的に回転しているのを見て、そのイメージを「人間の頭脳の働き」に当てはめたんですかね。

ふかわ：誰が言い出したのかわからないですけど、回転しているところなんて実際には見たことないのにこのしっくりくる感じ。最初に言った人、相当聡明だなと思って。

川　添：実際に、頭の中で起こっていることを見るのは不可能ですからね。

ふかわ：だってパソコンとかが普及する前からこの言葉は使われていますよね。

川　添：普通に言っていましたね。具体的に、何の回転から来ているんだろう。

ふかわ：たとえば最近なら、ＣＰＵの速度。でも、ＣＰＵも回転しているわけじゃないですよね。

川　添：そうですね。あれは回転ではなく電気信号のやりとりです。

ふかわ：だから、この慣用句を最初に使った人は本当にすごいなと思うんですよね。脳の処理能力を「回転」としたわけですもんね。よほど「回転」の速い人だったのでしょう。

言葉は毎秒のクリエイティブ

ふかわ：こうして話していくと、言葉によるコミュニケーションって本当に見事だなと思います。頭の中にあることを言葉にして口から出す。そのときに、どの言葉がいいだろうと選んでいますよね。無意識だろうが何だろうが、とにかく伝えたいことに見合ったものを選んで出す。ごくごく当たり前の動作ではあるけど、これはやっぱりものすごいことをやっているのではないかと。

川　添：そうですね。特に、私たちって、今まで一度も言ったことがないようなことも言うじゃないですか。世の中の誰も言ったことのない文を、今日自分が口にするかもしれない。毎日と言わず、毎秒くらいの頻度でクリエイティブなことをやっているんですよね。そこは本当にすごいことだなと思います。

ふかわ：頭の中に言葉がストックされているわけですよね。どれだけの言葉がストックされているものなんでしょう。

川　添：英語の語彙は全部で一〇〇万語ぐらいあるとか言われていますけどね。

ふかわ：頭の中に？

川　添：いいえ、一〇〇万というのは、辞書とか用語集に載っているものすべてひっくるめた数だと思います。頭の中の辞書に載っている単語の数は、もっと少ないでしょうね。

ふかわ：でも、その頭の中の辞書にも、たぶんよく使う言葉というか、一軍・二軍・三軍じゃないですけど、そういう棲み分けがありますよね。

川　添：あると思います。新しい言葉もどんどん入ってくるでしょうし。

ふかわ：ルーキーだ。耳から入ってきて、脳の中に所蔵されていくんですね。

川　添：ええ。似たような言葉は似たようなところに収納されるみたいで、そこから言い間違いが起こるみたいです。

言語学者の寺尾康さん（注1）の本（参27）には「エジプトにのぼったことがある」とか「骨ぬき」といったおもしろい間違いの例がたくさん出てきます。「エジプトにのぼったことがある」は「ピラミッドにのぼったことがある」の間違いで、「骨ぬき」は「骨休め」と「息ぬき」がごっちゃになってしまった例です。こんなふうに、なんとなく音が似ていたり、意味が似ていたりすることをポロッ

(1) **寺尾康**：言語学者。静岡県立大学国際関係学部教授。言語産出メカニズムについて研究。

と間違えちゃったりするのは、収納場所が近いから、選ぶときについ間違えちゃうそうです。

ふかわ：そのシステムもおもしろいですね。言い間違いが会話を和ませることもありますし。

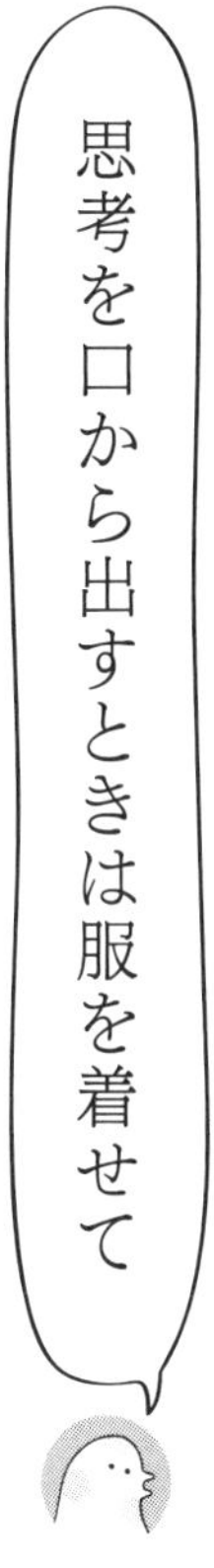

ふかわ：僕は普段、服に対して無頓着なほうなんですね。他のことで選択しなくてはいけないことが多々あるので、どうしても服は後回しになってしまう。服の選択はそんなに重要なものでなく、機能としてしか意味を持たなくなっている一方で、言葉の選択というのは、それこそこの靴に合った服を選ぶとか、この服に合うカバンを選ぶとか、まるでファッションのように選んでいるところがあるなと。自分の好きな言葉に包まれていたい、言葉を纏いたい。いわば、「24時間ファッションショー」だと思っているんです。

川　添：なんと、そこまで考えられているんですね。

ふかわ：さらに踏み込むとですね、子供の頃から思っていることがあって。

進入禁止の道に間違って入って来てしまった車に対して、皆、声を荒らげて注意をするでしょう。穏やかに「ここ、一通ですよ」と言うのではなく。もちろん危険を伴う行為なので穏やかではいられないというのはあると思うんですけど、どうしても「ふざけんな、バカヤロウ」的なニュアンスがその声に乗るんです。そういう感情を露《あら》わにした声に対して、幼少期からずっと違和感があって。自分でも、どうして違和感を覚えるのかなとずっと考えていたんですが、最近ようやくわかってきたことがあるんです。

頭の中や心で考えたことを人に伝えるとき、口から出た段階で、その言葉はパブリックですよね。いくら悪いことを考えていても頭の中はプライベートなので、誰も咎めることができない。だけど、口から出た状態は、それはもう公の場。覆水盆に返らずでしょう。

そのときに、「言葉で伝える」ということは「思考や感情に服を着せている」んだなと思ったんです。逆に感情を露わにするということは服を着せずに全裸で外に出ているようなものだと。

川　添：おもしろいですね。そんなふうに考えたことはありませんでしたけど、言われてみればそんな感じがします。

ふかわ：僕みたいに考えている人はあんまりいないと思うんですけど、上司が部下を叱る際になぜ怒鳴ってはいけないのかというと、怒鳴ったらハラスメントということじゃなくて、「全裸で外に出ているからだ」と。そういう考え方が、たぶん五十年後、当たり前になっていると思うんです。

川　添：「感情むき出しの言葉」は全裸。だから、しかるべき言葉で感情に服を着せるという。

ふかわ：はい。これからの時代は一層、感情にちゃんと服を着せて伝えることが大事になると思うんです。言葉を丁寧に包んであげないと。ピチピチのパツパツで「いや、もう局部も出ちゃってますよ」という、感情むき出しの言葉は、それぐらいの醜態なんだろうなと。

川　添：今の時代の流れだと、今後ますます、その方向に進んでいきそうですよね。

怒ったり感情が高ぶったりするのは仕方がないとして、大事なのは、どうやってその感情にうまく服を着せるか、コーディネートするかですよね。すごくおもしろいと思います。実は、私も似たようなことを考えていて。

ふかわ：川添さんもですか？

川　添：はい。私、人が人をコントロールしようとすると、大体不幸になるんじゃないか、と思うんです。人間って、どうしても自分の周囲の環境を快適にしたいから、そうなるように他人をコントロールしようとしますよね。

怒ったり怒鳴ったりするのも、結局は相手をコントロールしようとしてやることじゃないですか。でも、聞き手の側からするとやっぱり不快だし、一時的に相手のコントロール下に入ったとしても、恨みが残りますよね。コントロールした側も後で仕返しをされたりして、結局はどっちも不幸になると思うんです。

他人をコントロールしたい、都合よく動かしたいと思う気持ちを消すのは難しいけれど、怒鳴ったり命令したりするのではなく、自分の思いや希望をうまく言葉で伝えられるようになれたらいいなと思うんですよ。

結局、他人は自分のしたいようにするけれど、そこにちゃんと訴えかけるような言葉を探して、自分でも納得できる形できちんと伝えるみたいなことって、これからすごく必要になってくるのかなと。

ふかわ：それができる人は本当にスマートですよね。人をコントロールしようとすると大体不幸になる……いや、本当に。ていうか、もう恋愛でしか思い出せないけど（笑）。仕事だとそこに立場とかが乗っかるからまだコントロールしやすくなるんだけど、恋愛だと対等だから。

川　添：一番、感情がむき出しになりますよね。

ふかわ：昔のことになりますけど、パートナーが女友達と海外に行くことになったとき、「あなたが旅先で男と出会ってなんか楽しむんじゃないかと不安な時間を過ごすことがつらい」ということを吐露したんですよ。僕からすると「大丈夫。そんなことないから」って言ってもらえれば終わるんですけど、そのときに返ってきたのが「いやいや、向こうはブサイクな人ばっかりだから」という言葉だったんです。これ、どう思います？

川　添：それは……、もしブサイクじゃない人がいたら浮気するのかな……。

ふかわ：と思いますよね。

川　添：やっぱりそうですよね。そう考えるのは自然だと思います。

ふかわ：ですよね。これ、僕はおかしくないですよね。だけど、僕がそこを指摘すると、どんどん亀裂が広がるだけなんですよ。これって、僕が神経質ですかね？　相手が向こうでの出会いを楽しむつもりがないとわかっていても、そう言われちゃうと「え？」と思っちゃう。

川　添：う〜ん、私もふかわさんと同じで、単に「そんなことしないよ」って言ってもらったほうが安心しますね。たとえそれが本心じゃなかったとしても、「そんなことしないよ」って明言した以上は、もし浮気をしたら嘘を言ったことになりますからね。「ブサイクな人ばっかりだから」だと、浮気をしないという約束にはなっていないから、安心できないです。

ただ、言う側の気持ちになると、恋人にそういうことを冗談めかして言いたくなる気持ちもわかります。ちょっと茶化したほうが相手も安心するんじゃないかって思うかもしれない。

受け手によっても、ちょっと茶化しているぐらいだから「安心だな」と思う人と、文字通りに受け取って「心配だ」となる人がいるんでしょうね。

ふかわ：完全に後者でした。私が間違ってました。そもそも、私が彼女を信じていればいいだけですし。トホホ。

あと、僕が愛されたくて言うこと、たとえば「もういい！　もう別れる！」みたいなことを言うとするじゃないですか。

川　添：こじらせ女子みたいな（笑）。

ふかわ：そうなんですよ。体の中にいるんですよ、厄介な女の子が。なのに「あのとき、もう別れるって言ったでしょ」みたいなことを言われるんですよ。それが本心でなく、額面通り受け止めるものじゃないとわかっているはずなのに。これ、全然関係ない話ですね（笑）。

川　添：いや、関係あると思います。なかなか難しい問題ですよね。本当に額面通り受け取るのか、そうじゃないのかというのは、ブレンド具合がすごく難しいと思います。

ふかわ：すみません、本当に。こんなことを川添さんに相談するのはそもそもお門違いなんです……。トホホ。

「笑える」と「おもしろい」は違う？

川　添：やはり、こうしてお話ししていて感じるのは、ふかわさんの言語に対する熱量ですね。

ふかわさんのネタって、一般的なお笑いとは一線を画している感じがするんですよね。私がよく見るお笑いって、まずお題があって、それに対する答えで笑いを取るという形が多いように思うんです。大喜利とかは、その典型ですよね。けど、ふかわさんのネタはまず答えがあって、お題のほうは観客である私たちに委ねられているところがあると思うんです。

ふかわ：たしかに。大喜利というか、漫才とは笑いのアプローチが違いますよね。そもそも、「笑える」と「おもしろい」はイコールではないと考えているんです。「笑う」というのは、体の反応であって、たとえば思っていたことと違う言葉が出てきたとき、そういう「裏切り」に対して人は笑うんです。お客さんはすごく笑っているけど、おもしろくはない漫才もありますよ。「おもしろい」

にもいろいろありますからね。

川　添：ふかわさんのネタでは、語尾ひとつとっても、助詞ひとつとっても、「これでしかあり得ない」という形ができあがっていますね。

ふかわ：かもしれません。そこはお話しした通り、言葉のコーディネートですね。そこにはものすごく時間をかけていますから、僕が作ったかのようにネットに流布されている一言ネタがあるんですけど、偽物は一発でわかります。

川　添：そうなんですか。類似品が出回っているんですね。

ふかわ：「お前ん家のカルピス薄くない？」っていうのがあるんですけど、あれは僕じゃないですから。

川　添：えー、それ、代表作のように思っていました。

ふかわ：ですよね。ネットではよく見るんですけど、カルピスという宝物のように大事なものをあんな直接的に表現するわけがないんです。なので、一種のマンデラ効果(注1)です。僕が言うのは、「だから、お前にカルピス作らせるの嫌なんだよ」ですね。

川　添：なるほど。たしかにそっちのほうが、余韻がありますね。私も世に出回ってい

(1) **マンデラ効果：**事実と異なる記憶を不特定多数の人が共有している事象を指す。南アフリカのネルソン・マンデラ氏が存命だったにもかかわらず、氏が80年代に獄中死したと記憶している人が多数いたことに由来する。

る「ふかわさんのネタ」の真贋を見分けるセンスがほしいです（笑）。

言語学者は理屈で選ぶ

ふかわ：誤用という意味じゃなく、前に言った「忖度」や、あと「破天荒」とか、ちょっと意味が変わってきているみたいなことが時々あるじゃないですか。「煮詰まる」とか。そういうのは川添さんはどういうふうに見守っていますか。

川　添：基本的には、言語学者はそのへん、うるさく言わない人が多いと思います。変化自体がおもしろいし、研究のネタにもなりますから。

ふかわ：僕もそこらへんを見つめるのが好きなんですけど、たとえば「破天荒」は本来の意味は前代未聞とかそういうことだったのに、荒くれ者とかそっちのほうになっているじゃないですか。それはある種の誤用的なものもあるかもしれないですけど、やっぱり「破天荒」というビジュアルにそれを誘導する何かがあると思うんです。だから誤用も、ものによってはその言葉自体に潜在的な何かがあって、内面がにじみ出た結果というか、本来の姿というか。

川　添：それはあるかもしれないですね。本来のビジュアルがしっくりくるところに収まるという。

最近、「延々と」を「永遠と」と言う人がいるじゃないですか。

ふかわ：「延々と」ですよね。

川　添：「延々と」がもともとで、たぶんそこから聞き間違いか何かで「永遠と」と言う人が結構増えているんだと思うんですけど、作家の済東鉄腸《さいとうてっちょう》さん（注1）の『千葉からほとんど出ない引きこもりの俺が、一度も海外に行ったことがないままルーマニア語の小説家になった話』という本（参28）を読んでいたら、「『永遠と』なんて、それだけで詩じゃないか」と書いてあったんです。そんなふうに言われてみると、たしかに「永遠と」って悠久の時が見えるような響きがあるんですよね。それ以来、「永遠と」が好きになりました。

ふかわ：言語学者の方とか作家の方って、共感覚じゃないですけど、文字から広がるイメージがやっぱり強いんですか。

川　添：どうですかね。あんまりそんなふうに考えたことはないですね。たぶん言語学者よりも、詩人とか歌人とか文学者の方のほうが、言葉のイメージを広げるの

(1) **済東鉄腸**：映画ライター、作家。ルーマニア映画に感銘を受け、ルーマニア語を独学で勉強。「日本人初のルーマニア語の小説家」として注目を集める。

が得意なんじゃないでしょうか。言語学者はイメージを広げるというよりも、分析を始めちゃうので。

ふかわ：僕なんかも敏感なほうではありますけど、この言葉を今は使いたくないとかって、軽い共感覚的なものがあるのかなと。

川　添：なるほど。いわゆる「言葉のセンスが鋭い人」っていうのは、感覚で言葉を選んでいると思うんですよね。それに対して、たぶん言語学者の多くは言語学の知識を使って、理屈で選んでいるのではないかと。この言い回しは文法的にどうか、とか。

ふかわ：文法的にですか。ルールで？

川　添：そうですね。この語が来たら、この語とはあまり一緒に現れないから使わないでおこうとか。知識と理屈で考えている人が多いと思うんです、言語学者は。私はどっちかというとそっち側ですね。

ふかわ：でも、文法というルールがありながらも言葉は生き物だから、そのルールも何らかの形で破壊されていくんですよね。

川　添：そうですね。

ふかわ：それはたとえば、町並みの変化を眺めるようなところもあるんでしょうか。

川　添：私の感覚だと、それこそファッションの移り変わりという感じに近いですね。どんな言葉でも言葉であることには変わりはないんですけど、急に「この服、ここで着てもいいよ」ということになったりだとか、逆に「その服はもうダサいから表では着ないほうがいい」となっちゃったりとか。そんなふうにどんどん移り変わっていく。そんな感じに私は思っていますね。

ＡＩと人間のこれから

ふかわ：芥川賞を取った九段理江さん（注1）が「五％ぐらい生成ＡＩの文章」と公表されたじゃないですか。それもすごいし、今後、五％どころではなくなってくるな、なんて思うんですけど、川添さんはどのようにお考えですか？

川　添：自分は使わないですけど、人が使うのはしょうがないかな、っていう感じがします。

ＡＩを使った作品ＯＫの文学賞も出てきていますしね。

(1) **九段理江**：小説家。2024年、『東京都同情塔』で芥川賞受賞。作中に登場する生成AIのキャラクターのセリフは生成AIの文章をそのまま使っていると発言。これに国内外からの注目が集まった。

ふかわ：そうした作品がどんどん増えていく？

川　添：作品を商業的なものとして見るんだったら、ＡＩを使おうが何をしようが、読者が「おもしろい」と思ったり、たくさん売れたりしたら、たぶんそれが正義みたいになっちゃうと思うんですけど。でも個人的には、自分が文章を書くのって、単に売るためじゃないですし、書きながら自分で自分の考えを掘り下げていくというところもあると思うので。もちろん、お金はほしいですけど（笑）。だから、何を基準にするかですね。商業的に割り切って考えるのか、そうではないのか。

ふかわ：たとえば何か断りの文言だったり、季節の挨拶だったり、たぶん日常の中でＡＩの文言・文章というのはどんどん増えてくると思うんです。メールのサポートセンターも今はＡＩチャットとか、すでにＡＩとの言葉のやりとりが始まっていますし。

するとこう今後、ちょっとＳＦ的に考えると、人間は頭の中にストックされている言葉から選んで会話するという行為をどんどん放棄していって、最終的にＡＩ同士で言葉のコミュニケーションを進める時代が来るのではないかなと。

川　添：来てもおかしくないですね。人間同士だと結構、面倒臭い交渉とかやりとりで軋轢が生じることがありますけど、間にＡＩを挟んで、ＡＩ同士でやってもらって落としどころを探るとか、そういう使い方はあるかもしれないですね。

ふかわ：極端になりますけど、本当にＡＩ同士、すべてＡＩにコミュニケーションを任せていったときに、人間はどうなるんでしょう。人の感情というものは言葉に影響を受けて左右されるから、それがなくなったら、本当にもう肉体だけのもの、というふうになっていくのかな。

川　添：そうですよね。特にふかわさんがおっしゃったように、今は感情をぶつけ合って軋轢を起こすことを最大限避ける時代になっているじゃないですか。だから、そこにＡＩが入ってきたらますますその方向に拍車がかかるでしょうね。全裸で外に出る危険性はないけれども、自分で外に出るのをやめて、代わりにＡＩにばかり外出させる、みたいな。そういうのが続くと、人間らしさは失われていくのかな。

ふかわ：そうか、全裸の人間がいなくなるのか。それはそれで寂しいな。でも、きっと速いですよね、この波は。

川　添：そうですね。特にここ二〜三年、変化が速いように思います。どんどん速まっていっている感じ。

ふかわ：相手は人間だと思ってやりとりしていたら、実はＡＩだったということがすでに起きていますし。

川　添：今のところはまだ、微妙にＡＩ臭さはありますけどね。これからは、いかにもＡＩっぽい言葉は、重さが薄れていくのかなという気はします。

ふかわ：とは言ってもＡＩはすでに起きたことから抽出された言葉を使っているのであって、完全なる新しいことは出てこないわけですよね。

川　添：そうですね。基本的に私たちが今までにウェブ上でいろいろ書いてきた文章から学習しているので、そこを材料にして言葉を綴っているという感じですね。

ふかわ：そうか。じゃあそうなると新しい表現というのはなく、だんだん均一化されていくんでしょうか。

川　添：そうですね。それも使いようによるとは思うんですけどね。
最近読んだ『もしChatGPTが文豪や〇〇としてカップ焼きそばの作り方などを書いたら』（参29）っていう本の中では、ChatGPTに有名な文豪の文体を真似させてカップ焼きそばの作り方を書かせようとしても、全然おもしろくならなかったって書いてありました。
そこで終わらずに、人間のほうがいろいろ工夫して、プロンプト、つまり指示の仕方を洗練させていったら、ＡＩがだんだんおもしろいことを言うようになったそうなんです。
結局、ＡＩの言葉がおもしろくなるかつまらなくなるかは、人間の工夫次第なんじゃないかと。

ふかわ：じゃあ、ＡＩに追い越されるとか、支配されるみたいなことにはまだまだならない？

川　添：ＡＩそのものが人間を支配しようと思うことはたぶんないと思うんですけど、ＡＩを使って世の中をうまく動かそうという人は出てきますよね。それは怖いなと思います。

ふかわ：それは、今すでに起きていてもおかしくないですね。
キャッチボールのお相手、ありがとうございました。どんな球でも面倒臭がらずに受けてくださり、感謝しています。よかったら、対談の余韻を肴に、一杯飲みに行きませんか。

川　添：そうですね、飲みに行きましょう。一杯だけですよ（笑）。

短編小説　さえずりの沈黙

ふかわりょう

改札を出ると、バスのロータリーやタクシー乗り場の代わりに、ちょっとした広場があり、小さな噴水と、しなやかな腕を虚空へ伸ばす女性の銅像が影絵のように浮かんでいる。かれこれ長いことそうしているが、彼女のことを口にする者はおらず、おそらく撤去されても誰も気づかないと思われる。そこから南に少し歩くと、斜めに逸れるように道が裂け、商店街というほどの派手さはないが、コーヒーやスイーツ、和食やフランス料理店などが軒を連ね、裏通りを彩っている。夕方6時になると、通りに面した赤い提灯が昼の眠りから覚めるように真っ赤に染まり、夜の始まりを告げる。その下で鎮座するビール瓶のケースや銀色の樽。引き戸の前には、縄暖簾が干されたかんぴょうのようにぶら下がっている。そのうちに一人、二人とやってきては、引き戸を滑らせ、煙の中へ吸い込まれてゆく。

L字型の細長いカウンターの後ろに二人で向かい合う小さなテーブル席が2箇所、奥には4人がけのテーブル席が1箇所設けられている。壁には、油と煙を長年吸い込んだ短冊が並び、太いマジックの掠れた文字が囚われている。木製のテーブルも椅子も年季が入っていて、角は丸みを帯び、所々、大きな黒子を浮かべている。カウンターの向こうで、寡黙な大将がリズムに乗るように体を揺らし、宝石のように輝く薄いピンク色の鶏肉を串に刺してひっくり返しては、目を細めて煙を浴びている。その横に立つ恰幅のいい女性は大将の再婚相手で、バイトとして働いていたが、奥さんと死別した大将の新たなパートナーになった。かつて前妻が立っていた場所で紺色のTシャツを着て大将を支えている。今は二人で店を切り盛りし、週末などの混むときは、眼鏡の分厚いレンズを曇らせて注文を伺うバイトのまこちゃんが狭い店内を行き来する。

その日も週末とあって、7時頃には席は埋まり、10分おきに引き戸が開いては、映画『シャイニング』のように隙間から顔を出し、「すみません、もういっぱいなんです」という大将の申し訳なさそうな声を浴びては残念そうな顔をして客が去ってゆく。焼き鳥酒場「さえずり」は炭で焼く音、炭に油が滴る音、そして客たちの「さえずり」で今日も賑わっている。各テーブルに出されたお通しの小鉢の中で、煮込みの大根が柔らかさを誇示していた。

「どうしたんだよ、ため息ばっかりついて」

カウンターに二人の男性が並んでいた。端に座るスーツの男は割り箸で小鉢の中に横たわる萎びたインゲンを摘んだ。

「いや、別に、なんでもないよ」

セーターを着た男がお猪口を片手に首を小さく振る。バイトのまこちゃんが運んできた皿の上で、砂肝や軟骨、鶏皮などが肩を寄せ合っている。タレに塗れたレバーやハツには赤い七味が装飾された。

ビールメーカーのロゴのシールが貼られた業務用の冷蔵庫の中には瓶ビールやお通しの小鉢が整列している。まこちゃんがガラスを引き、冷えたビール瓶と冷気に侵されたコップを取り出し、奥のテーブルに運んだ。

「なんでもないことないだろ、そんな顔して。聞くから話してくれよ」

するとセーターの男は再び息を長く吐いてから、口を動かしはじめた。

「もう、生きていくのが嫌になっちゃったんだよ」

想像以上の重い言葉に、スーツの男はため息の罠にハマったような気分を味わった。

「どうして」

「だってさ、知ってるだろ、僕が今、世間にどう思われているか」

「どう思われているの?」

スーツの男はなんとなくわかっていたが、本人との乖離を恐れ、あえて訊ねた。

「悪者だよ、完全に」

「悪者？」

「そうさ。もともとこんなイメージじゃなかったのに、ある日を境に嫌われ者になっちゃったんだよ。僕は何もしていないのに。ある日を境に、世間の僕を見る目が一気に変わったんだよ」

スーツの男は半分に割ったグレープフルーツを銀の器に押し当てている。果汁とともに、タネが分厚い果皮の内側から溢れている。

「まぁでも、俺たちは、そういうもんだろ？　時代によって変化するのは、生きている証だよ」

セーターの男は袖口をいじりながら、先回りしていたように答えた。

「単なる変化や誤解ならいいけど、こんなに悪いイメージになってしまうのは辛いよ。しかも、流行語なんかにノミネートされたもんだから、もう軌道修正できなくなっちゃって。どうしたら、本来の意味で使ってくれるんだろうって」

「そんなに変わってしまったのか？」

スーツの男は、サワーの入ったグラスにしぼりたてのグレープフルーツの汁を注ぐと、カチカチと音を鳴らしながらプラスチックのマドラーを素早くかき回した。

「あんまり、そもそもとか言いたくないんだけどさ」

と前置きして、セーターの男は続けた。

「僕はもともとさ、相手の気持ちを推し量るっていう、日本人の美徳のような、とてもいい意味だったのに。今じゃ過度に気を遣うとか、必要以上に遠慮するとか、まるで賄賂で悪事を依頼するような意味で用いられるようになって。実際、賄賂からもちょくちょく連絡が来るようになって。忖度せずに、とか、忖度抜きでみたいに、完全にあってはならない存在になってしまったんだよ。もう、存在してはいけないんだよ。もう、僕なんていないほうがいいんだよ」

そう言って、お猪口を一気に傾けた。

「そんなこと言うなって。みんなが使ってくれているだけでもありがたいだろ」

「だって、偽りの自分のまま生きていたってしょうがないだろ。その点、君はいいよな、いいイメージのままで。この苦悩がわからないんだ」

セーターの男は少しだけ顔をスーツの男に向けた。

「そんなことないって。俺だってそうだよ」

と、スーツの男がグレープフルーツサワーのジョッキをテーブルに置いた拍子に小鉢が軽く弾んだ。

「俺なんて、もともと相手への敬意を表す上品な言葉だったのに、いつのまにか敬意どころか、相手に怒りや憎しみを込めるときにしか使われなくなっちゃったんだよ。貴様なんて言ったら、たちまち関係に亀裂が入るくらいだから。今じゃ、漫画とか映画のセリフでしか耳にしないよ」

セーターの男はふわふわのレバーを串の先端までスライドさせ口に含むと、竹筒の中に串を放り込んだ。

「まぁ、確かに、日常で貴様なんて言っている人いないよな」

「ただ、本来の意味から変化はしているけど、偽りの自分だとは思っていないよ。それも自分なんだよ」

「そういうふうに割り切ったほうがいいのかな」

「そうだよ、抗ったってしょうがないだろ。あ、すいません、今日、鳥刺しいけます？」

スーツの男はビールの空のジョッキを両手に持って通りかかるまこちゃんに訊ねた。

「ちょっと大将に聞いてみますね」と言って、まこちゃんが奥さんを経由して大将に確認すると、煙の向こうで大将は首を縦に2、3回振って、串刺しになったピンク色の宝石を回転させ、Tシャツの袖に擦り付けるように汗を拭った。

「ちなみに、ある日を境にって言ってたけど、その前はどうだったの？」

　スーツの男は訊ねた。

「イメージも何も、ほとんど出番がなかったからね。久しぶりに出番が来たと思ったら、なんかみんなの見る目が違ってて」

「でも、そこから忙しいんだろ？　忖度なんて、もう聞かない日はないっていうくらいだしな」

「まぁな」

「そう考えると、ある意味、良かったんじゃない？　みんなに忘れられていたんだから。風前の灯だったわけでしょ。悪名は無名に勝る。埋もれていたものが発掘されて、今や誰もが口にする言葉になったんだから。それがたとえ、本来の意味と違っていてもありがたいと思わなきゃ」

　スーツの男は続けた。

「おそらく、この世に存在する言葉の中で99パーセントは使用されていないでしょ。どれだけの数の言葉があると思う？　慣用句だって、諺だって。同じ意味のものがたくさんあるけど、やっぱりよく耳にするものは決まっている。イメージがいいとか悪いとかは関係ない。覚えられて、使われているうちが華かもしれないぞ。第一、本当に嫌われていたら、みんな、口にもしないものだよ」

「そうなのかなぁ」

セーターの男は、黒く焦げた串の先端をぼんやり見つめていた。

「そうさ、なんだかんだで、みんな『そんたく』って言いたいんだよ。響きが受け入れられているんだよ。耳にも入りやすいし、口にもしやすい。とってもキャッチーなメロディーなんだよ。じゃなきゃ、こんなにも口にしないよ」

スーツの男はいいことを言っている自分に酔った。

「あぁ、目に見えるものはいいよな」

「目に見えるもの？　どうして？」

「だって、空とか森とか海とか。それこそ焼き鳥とか。どんなに時代が変わっても、意味やイメージが変わることってないもんな」

「ちなみに、英語ではなんて言うんだ？」

「前に、read between the lines って訳されたことあったけど」

「行間を読むってやつか。でもそれもちょっと違うよな」

「そうなんだよ。英語には訳せない。日本人ならではの価値観なんだよな。日本人の心の中にしっかりと根付いているものなんだよ」

そう言って逆さにした瓶の口から、涙のように雫が顔を出し、ガラスのお猪口に溜まった透明の泉に飛び込んだ。

「まこちゃん、もう一本」

ベルで給仕を呼ぶように瓶の首を指で挟んで揺らした。

「おいおい、ちょっと飲み過ぎじゃないのか。ペース早いだろ、大丈夫か」

「まぁ、今日くらい飲ませてくれよ」

「あのう、人違いだったら申し訳ないんですが」

セーターの男の反対隣に座っている鳥打帽をかぶった男が声をかけてきた。

「もしかして、忖度さんですか。あ、やはりそうですか。これはこれは、お会いできて光栄です。一度、お話ししてみたかったのです。あ、私、割愛と申します」

彼の前の皿には、うずらの卵とつくねが転がっていた。

「いや、心中お察しします。実は私も似たような境遇で。あ、もちろん忖度さんに比べたら屁みたいなものですが」

　聞き手の反応を気にせず話し続ける彼は、テーブルに残った水滴の輪に合わせるように、レモンサワーのグラスを置いた。

「もともと割愛というのは、惜しいものを手放す時に用いる言葉なのですが、今一般的に使用されているのは、不要なものを切り捨てるという意味なのです。つまり、省略や端折ると同じで、省略を上品にしたような。しかしながら、私の文字を見てください。愛を割くと描きます。これこそ、名は体を表すじゃございませんが、愛あるものを割く、惜しいと思う気持ちが肝なわけで、決して不要なものを割くのではないのです。あ、肝。大将、砂肝ある？　塩で二本ちょうだい」

　鳥打帽の男は思い出したように注文すると、大将の前で焔が立ち上った。

「私の知り合いもそうです。破天荒って言うんですけど、もともと、今までなし得なかったことを初めて行うことで、未曾有とか前代未聞などとグループを組んでいたんですけど、いつの間にか、無鉄砲とか向こう見ずと同じグループに入れられて。でも彼は、自分のビジュアルにも原因はあるだろうし、たとえ誤用だろうが受け入れる、変化を拒んでいたら今日まで残らなかったし、と言っています」

烏打帽の男は続ける。

「でも、ひとつ不思議なのは、どういう成り行きなのか、誰かが使い始めると、みんなが揃って使い始めるんですよ。ジェットコースターのように、誰にも止められない。今、本来の意味で割愛を使っている人ってほとんどいないんじゃないかな。私の代わりは、強いて言えば断腸ですかね。あ、腸。大将、鶏の腸って食べられるの」

急に問われた大将は煙越しに聞き返すと、隣の奥さんが代わりに答えた。

「鶏の腸って、菌が多すぎて出回らないんですよ。だからすぐに捨てちゃうんです」

「へー、そうなんだ。肝も心臓も食べられるのにね。これぞ、まさしく割愛ですかね」

すると、まこちゃんが目をレンズの中で膨張させながら皿を持ってきた。

「はい、当店名物のさえずりです。今日は特別に大将が焼いてくれました」

「へー、これがさえずり？」

「鶏のさえずりってどこなの？」

「そりゃあ、さえずりっていうくらいだから……」

「どこ？」

「鶏の気道ですよ」

大将の奥さんが自分の喉元に指先を添えながら答えた。

「気道？」

「そう。一羽からわずかしか取れないので希少部位ですよ」

「そんな希少部位なのに、いいんですか」

「大将の心意気です」

まこちゃんが誇らしげに言った。

「へー、気道ねぇ。これで鳥は鳴くのか」

まるで合奏団のように口の中でコリコリと鳴らしながら、皆が希少部位に舌鼓を打っていた。

「偽りの自分でこの世に残るか、本当の自分を貫いて消えてゆくか。永遠のテーマかもしれませんね」

スーツの男と反対側の端でずっと黙っていた男が突如声を上げると、その「さえずり」に、カウンターの男たちが一斉に目を向けた。

「いやぁ、お話を聞いていたんですが、皆さん、それぞれに自分の存在意義に対する思いがありますね。痛いほど、気持ちわかります。私も本来、一時凌ぎという意味だけど、今じゃほとんどの人が卑怯の意味で使っています。でも、自分にも原因がある気がします。私自身の響きが、どこかそういう印象を誘発しているのでしょう。でも、忖度さん、諦めるのは早いと思いますよ。まこちゃん、おあいそ」

彼はそう言って、左右の人差し指を交差させる。

「え、僕ですか」

セーターの男はまだ口の中でコリコリしていた。

「えぇ。時代とともにイメージのいいものが悪くなる一方で、イメージの悪いものがいいイメージになることもありますから。だから、あなたもまたいつかいいイメージの言葉として活躍する日がくるかもしれません。時間はかかるかもしれませんが」

「そうですか、ありがとうございます」

まこちゃんにお金を手渡した彼は、領収書の宛名を訊ねられた。

「姑息で。女へんに古いに、息ね」

「承知しました」

まこちゃんは換気扇のように油脂に愛されたレジでそろばんを弾いた。

「まぁ、結局私も、使われているうちが華だと思っています。たとえ、本来の意味とかけ離れたとしても。たとえ、悪者になったとしても。それでは」

彼はそう言ってお釣りと領収書を受け取ると、分厚い革ジャンを手にして店を出た。

すると入れ替わるように一人の女性が入ってきた。

「こんばんは、入れますー？」

「タイミング良かった。ちょうど今空いたところ」

大将の奥さんが紅潮した笑顔を添える。

「今、片付けますね」

まこちゃんがメガネを半分曇らせながら手際よくテーブルの上の食器を片付け、布巾で拭いた。

「とりあえず、ビールにしようかな。もうね、今日は朝から焼き鳥食べたいって思っていたから」

席に着いた彼女は目を輝かせ、手袋から出した手を揉みながら短冊に囚われた文字に目を向けると、目の端で、カウンターの男たちの皿に乗る希少部位を捉えた。

「あ、さえずり出してる。大将、さえずりまだある？」

「あー、さっき全部出しちゃったんですよ」

「えー、そうなんだ、久しぶりに食べたかった。じゃぁ軟骨にしようかな」

そのうちの一本を食べている鳥打帽の男が、気まずさを隠すように彼女に話しかけた。

「よく、いらっしゃるんですか」

「そうね、週に一度は必ず」

鳥打帽の男は、お世辞をこめて、モデルさんですかと訊ねた。

「え？　モデルに見える？　まぁ、モデルといえばモデルかもしれないけど」

「違うんですか」

「ファッションモデルじゃなくて、ポージングっていうか」

「ポージング？　デッサンのモデルみたいなこと？」

「まぁ、それに近いかな」

「止まってるのも、楽じゃないですよね？」

「そうね。動くことも筋力いるけど、ずっと同じ体勢を維持するのにも筋力いるからね」

彼女の前に小鉢とビールがやってきた。

「じゃぁ、お疲れ様です」

ビールのジョッキを持った水着の女性のポスターの前で、彼女はジョッキを掲げた。

彼女の声が加わり、店内は一層にぎやかになった。

「皆さん、お知り合いなんですか？」

カウンターの男たちは、さっきまで話していたことをかいつまんで、口の周りに白い髭を蓄える彼女に話した。

「へー、面白いね、そんなことで苦悩していたなんて。でも、やっぱり、どういう形であれ、受け入れるのがいいんじゃないかな。きっと、それが自分なんだろうし。あ、大将、焼きおにぎり作ってくれる？」

彼女は思い出したように言った。

「え、焼きおにぎり？　いいなぁ、俺も食べようかな」

「じゃぁ、俺も」

「じゃぁ、僕も」

炭の上の手羽先が脇に寄せられ、真っ白に光るおにぎりが並んだ。大将が刷毛で醤油を塗っては、焔に包まれる岩のようなおにぎりを指先で転がしている。

「でも、ちょっと羨ましいけどな」

「羨ましい？」

「うん。私なんか、毎日同じポーズをしているから、たまには違うポーズもしてみたい。変化がないって退屈。変わるって素敵なことなんじゃない？　今まで正義のヒーローだったんだから、今度は悪役を楽しんだら？」

「私も、そう思いますよ」

大将の奥さんも重ねた。

「悪役をねぇ」

そうして、皆の目の前に、こんがり焼けたおにぎりが置かれた。

「ほら、諸行無常っていうの。変わらないものはないんだから。それにしても、どうしてこんなに美味しいんだろう。この焼きおにぎりはほんと変わらない！　ずっとこの味のままでいてほしい」

そう言って彼女はオカリナを吹くように両手の指先で焼きおにぎりを支えた。頬張ると、焦げを略奪された白米の断面から魂のように湯気が立ち上った。

「ありがとうございます」

大将の言葉が煙と戯れていた。奥さんは、醬油が変わったことは黙っていた。

焼きおにぎりの熱が陶器の皿に汗をかかせている。おしんこが街灯のように黄色い光を放ち、きゅうりの漬物は水分をたっぷり含んでいる。しじみを豊富に蓄えたお椀が隣に並んだ。

店内のさえずりが裏通りに溢れていた。引き戸を開け、客を見送るまこちゃんのメガネが曇っていた。

おわりに

「言葉の巧みな使い手」と話したら

川添　愛

「言語学者って、言葉が大好きなんでしょう?」と聞かれることがあります。そのたびに、何と答えたらいいか迷います。

もちろん、言葉について考えるのは嫌いではありません。しかし、それは仕事であり、そこにはプロとしての意地や責任感、義務感が伴います。言語学の道に入るときには「言葉が好き」とか「楽しい」といった感覚がたしかにあったはずなのですが、今でもその純粋な気持ちを持ち続けているかと言われると、なんとも微妙な気持ちになります。

たぶん、パイロットの方が「空を飛ぶのが好きなんでしょう?」と聞かれたら、私と似たような気持ちになるんじゃないかと思います。

今パイロットをしている人たちも、もともとは空を飛ぶことに対する憧れからスタートしていると思います。でも、仕事として空を飛ぶ以上は、お客さんの安全に対する責任感とか、クルーや管制官とのやりとりとか、気を遣う場面がたくさんあって、純粋に「今、空を飛んでる。楽しい」と感じられる瞬間はそんなに多くないと思うのです。もっとも、パイロットの皆さんに「そんなことないですよ、いつだって空を飛ぶのは楽しいですよ」と言われたら、すみません、と引き下がるしかありませんが。

研究対象として言葉を扱うとなると、さまざまな責任が伴います。特に「言語学者」という肩書きが付くと、いい加減なことは言えません。「自分がどんなふうに感じているか」よりも「客観的に見て、正しそうかどうか」が優先される世界。そんなところに何十年も身を置いた結果、言葉について自由な想像をすることや、特定の言葉に個人的な思い入れを持つことを、意図的に避けるようになりました。頭の中にはいつしか、証明できないことや確実でないことを外に出さないための「堤防」が、しっかりと築かれていました。

ふかわりょうさんとの対談を通して得たものはたくさんありますが、私にとって一番有り難かったのは、言語学を学び始めた頃の「言葉って楽しいんだな」という感覚を思い出したことだと思います。

ふかわさんについては、昔から「言葉の巧みな使い手」という印象がありました。特にご著書を拝読してからは、ふかわさんが言語学者と似た視点をお持ちであることを知り、勝手に親近感を覚えていました。

たとえば、言語学では言葉の機能を調べるために、たびたび「言葉の一部を取り去ったり、別のものに入れ替えたりしたらどうなるか」を観察します。対談の中でも触れましたが、ふかわさんは著書の中で、「雨にぬれても」と「雨にぬれて」、「恋におちても」と「恋におちて」と「恋におちても」の対比から、「も」の機能を推測されています。また、「北北西に進路を取れ」を「南南西に進路を取れ」に変えたり、「北の宿から」を「南の宿から」に変えてみたりして、「北」と「南」のイメージの違いを浮き彫りにしています。言語学者以外で、ナチュラルにこういう考察ができる人にはなかなかお目にかかれません。

そして実際にお話ししてみて、ふかわさんが言葉に対して並々ならぬ興味とこだわり（←もちろん、いいほうの意味です）をお持ちであることがわかりました。そして何より、言葉について語るときのふかわさんの、楽しそうなこと！ お話ししていると、ふかわさんの「たのしい！」という思いが波のように押し寄せてきて、凝り固まった私の頭にぶつかるのです。私の頭の中の堤防もいつしか「たのしい！」の波に呑み込まれ、気がついたらあっという間に時間が経っていました。

改めて読み返すと、対談の中で自分が「証明できないこと」や「個人的な考え」をぽつぽつ語っていることに気がつきます。研究者としては褒められた態度ではないかもしれませんが、ふかわさんの鋭い洞察を受け止めて投げ返すには、私の乏しい言語学の知識だけでは足りず、人間としての感覚や個人としての経験まで総動員する必要がありました。結局のところ、私では対談相手として役不足（←「役割に対して自分の力が足りない」という、新しいほうの意味です）だったのでしょうが、自分の存在全体で言葉に向き合い直すきっかけをいただいたという意味で、私にとっては貴重な経験でした。

本書を企画してくださったポプラ社の碇耕一さん、対談を楽しく、かつ読みやすくまとめてくださった秦まゆなさんに、心より御礼を申し上げます。お二人には対談中も、いろいろと興味深い話題を提供していただきました。また、対談時から刊行までお世話になったワタナベエンターテインメントの丹羽良輔さん、小西里奈さん、遠藤聖さんに感謝申し上げます。

それにしても、ネットのどこかでふかわさんの一言ネタとして紹介されていた「お前ん家のカルピス薄くない？」を、私が長年「ふかわさんの代表作」と思い込んでいたのは痛恨の極みでした。研究者ならば、出典をきちんと確認すべきでした。しかしその偽物のおかげで、かえって本物の素晴らしさが際立つことになったので、結果的にはよかったと思います。皆さんも、出典のはっきりしない「ふかわりょうの一言ネタ」を見かけた際は十分にご注意ください。

14『翻訳できない世界のことば』エラ・フランシス・サンダース（著）、前田まゆみ（訳）、創元社。

15『通じない日本語　世代差・地域差からみる言葉の不思議』窪薗晴夫（著）、平凡社新書。

16　山田貞雄 (2014)「全然おいしい」、『ことば研究館　ことばの疑問』、国立国語研究所（URL：https://kotobaken.jp/qa/yokuaru/qa-10/）。

17　飯間浩明 (2016)「「ダサい」「トッポい」」、『考える人　分け入っても分け入っても日本語』（URL：https://kangaeruhito.jp/article/3562）。

18　米田達郎 (2016)「人称詞オレの歴史的変化」、『大阪工業大学紀要』61(2)、pp.1-11。

19『若者言葉の研究　SNS 時代の言語変化』堀尾佳以（著）、九州大学出版会。

20『世の中と足並みがそろわない』ふかわりょう（著）、新潮社。

21『一九八四年　新訳版』ジョージ・オーウェル（著）、高橋和久（訳）、ハヤカワ epi 文庫。引用部分は p.470。

22『ひとりで生きると決めたんだ』ふかわりょう（著）、新潮社。

23　丹治翔 (2017)「PPAP は言語学的にも最強だった 「口が気持ちいい言葉」の特徴は」、withnews、2017年 11月 14日。
URL：https://withnews.jp/article/f0171114007qq000000000000000W02h10101qq000016254A

24　ローレンス・ニューベリーペイトン (2018)「日本語における「NP1 の NP2」と英語における所有表現の対照研究」、『日本語・日本学研究』(8)、pp.67-90、東京外国語大学国際日本研究センター。

25『あいまいな日本の私』、大江健三郎（著）、岩波新書。

26『音声学者、娘とことばの不思議に飛び込む』川原繁人（著）、朝日出版社。

27『言い間違いはどうして起こる?』寺尾康（著）、岩波書店。

28『千葉からほとんど出ない引きこもりの俺が、一度も海外に行ったことがないままルーマニア語の小説家になった話』済東鉄腸（著）、左右社。

29『もし ChatGPT が文豪や○○としてカップ焼きそばの作り方などを書いたら』悆比亭茶斗（著）、光文社。

【参考文献】

1 『動物たちは何をしゃべっているのか?』山極寿一、鈴木俊貴（著)、集英社。

2 『言語の本質　ことばはどう生まれ、進化したか』今井むつみ、秋田喜美（著)、中公新書。

3 『小鳥の歌からヒトの言葉へ』岡ノ谷一夫（著)、岩波書店。

4 『日本語全史』沖森卓也（著)、ちくま新書。第1章の引用は p.37 より。

5 『日本語の歴史』山口仲美（著)、岩波新書。

6 『語学の天才まで1億光年』高野秀行（著)、集英社インターナショナル。

7 『オノマトペ　形態と意味』 田守育啓、ローレンス・スコウラップ（著)、くろしお出版。

8 山口真美、視点・論点、2023年 2月 21日、「マスクの影響」。
URL：https://www.nhk.or.jp/kaisetsu-blog/400/479624.html

9 『言い訳　関東芸人はなぜM−1で勝てないのか』塙宣之（著)、集英社新書。

10 Matthew S. Dryer. 2013. Order of Subject, Object and Verb.
In: Dryer, Matthew S. & Haspelmath, Martin (eds.)
WALS Online (v2020.3) [Data set]. Zenodo.
https://doi.org/10.5281/zenodo.7385533
(Available online at http://wals.info/chapter/81, Accessed on 2024-02-11.)

11 岡本佐智子、斎藤シゲミ (2004)「日本語副詞「ちょっと」における多義性と機能」、『北海道文教大学論集』(5)、pp.65-76。

12「三省堂国語辞典のすすめ　その97「ルンルン」の語源は 1979年。なのかな?」、『WORD-WISE　WEB　三省堂辞書ウェブ編集部によることばの壺』、2009年 12月 9日。

13 Thierry, G., Athanasopoulos, P., Wiggett, A., Dering, B., & Kuipers, J. (2009). Unconscious effects of language-specific terminology on preattentive color perception. Proceedings of the National Academy of Sciences, 106(11), 4567-4570.
https://doi.org/10.1073/pnas.0811155106

川添　愛

1973年生まれ。九州大学文学部卒業､同大大学院にて博士(文学)取得。2008年、津田塾大学女性研究者支援センター特任准教授、12年から16年まで国立情報学研究所社会共有知研究センター特任准教授。専門は言語学、自然言語処理。現在は作家としても活動している。主な著書に『働きたくないイタチと言葉がわかるロボット』(朝日出版社)、『ふだん使いの言語学』(新潮選書)、『世にもあいまいなことばの秘密』(ちくまプリマー新書)、『言語学バーリ・トゥード Round 2：言語版SASUKEに挑む』(東京大学出版会)など。

ふかわりょう

1974年8月19日生まれ。大学在学中の20歳でお笑い芸人としてデビュー。長髪に白いヘアターバンを装着したネタ「小心者克服講座」は、あるあるネタの礎となる。独特なセンスと不安定なキャラクターで、芸能界を漂う。著書に、小説『いいひと、辞めました』、『世の中と足並みがそろわない』(ともに新潮社)、『スマホを置いて旅したら』(大和書房)、アイスランド旅行記『風とマシュマロの国』(幻戯書房)などがある。

STAFF

編集協力 —— 秦まゆな
デザイン —— 鈴木大輔・江﨑輝海（ソウルデザイン）
イラスト —— ふるえるとり

日本語界隈

2024年10月15日 第1刷発行
2025年3月15日 第3刷

著者　川添 愛　ふかわりょう

発行者　加藤裕樹

編集　碇 耕一

発行所　株式会社 ポプラ社
〒141-8210　東京都品川区西五反田3-5-8　JR目黒MARCビル12階
一般書ホームページ　www.webasta.jp

印刷・製本　中央精版印刷株式会社

N.D.C.914/238 P/19cm ISBN978-4-591-18343-4

P8008473